宋代讀書人與他們的鬼

蔡宗穎 著

目錄

| 目錄 |

【推薦序】

透過鬼，看見人

國立中央大學中文系助理教授／胡川安

蔡宗穎老師的新書《宋代讀書人與他們的鬼》出版，邀請我作序，我欣然同意。宗穎是以前我在「故事：寫給所有人的歷史」網站當主編時所認識的作者。當時他所寫的稿件就時常讓我驚艷，後來覺得可以邀請他一起出書。

時報文化所出版的《重新思考皇帝：從秦始皇到末代皇帝》，宏觀的思考皇帝在中國歷史上的意義。宗穎在書中撰寫宋代的部分，原因在於他的專業是宋代的政治文化史。從一篇文章到一本書，宗穎這次在寫作上的企圖心更大，講述歷史的方式更加嫻熟，想要透過鬼神世界與算命文化來看宋代的歷史。

臺灣近來有不少的媒體、網站和書本都在普及化歷史知識。然而很多都流於嘻笑打鬧，或者用過於現代的語彙講古，如此才能在社群網站上得到關注與分享。宗穎的這本書句句有所本，從史料當中擷取材料，或是轉譯學者的研究。但行文體裁容易閱讀，讓讀者非常容易進入宋代鬼怪的世界。用鬼怪和信仰為我們勾勒出一個時代，同時也關照當時人的七情六慾。

歷史當中的鬼怪文化聽起來是很有趣的議題，但要如何呈現？我們需要仰賴史料給我們的訊息，歷史學家的看門本領就是史料。我們要先挖掘史料，才能了解古人對於鬼怪的看法。然而，從古代的文獻當中，相關的材料並不多。周作人曾經寫過一篇文章〈鬼念佛〉，爬梳中國與日本鬼怪文化的不同，就曾說到：「（鬼怪）問題是不好搞，主要的原因是因為材料實在難得，這些材料全都是散在古今的雜書裡。第一是要有閒工夫來雜亂的看書，才能一點點的聚集起來；第二是又有這許多書籍，這卻是二件難事。」幸好宗穎的這本書聚集了這些雜亂的材料，而且花了很大的功夫將之整理起來，讓我們可以系統的了解以前的鬼怪文化。

《宋代讀書人與他們的鬼》不是說鬼故事，不製造恐怖的情節，一點都不可怕。宗穎想要的是透過鬼怪去看到宋代的歷史，還有當時的文化。鬼怪是人的精神世界所虛構出來的，透過鬼怪，看到的是人的想像、慾望，還有恐懼的世界。以往我們所認知的宋代是充滿禮教的，重要的思想家像朱熹、程頤講禮教，重倫理。但近來的歷史研究讓我們知道宋代文化的豐富性，有著燦爛的城市文化，在飲食、藝術和技術發明上都是中國歷史上相當精采的年代。

這個時代也是一個容易碰到鬼的時代，讀書人進京趕考的時候，可能不小心就被女鬼纏上，巫山雲雨，大戰幾十回合，過了幾天就精力全消，樣貌枯槁。男性容易遇到花容月貌的女鬼，女性也會遇到像孔劉一樣的男鬼。不管是獨守空閨的少婦，或是未出嫁的女性，好像都容易遇到鬼。

宋代的人真的很容易遇到鬼嗎？如果只看史料的記載好像如此，但歷史學者除了說故事，就是要分析背後的原因。透過鬼，看見人。宗穎有如一個偵探，一個在歷史中遊走的偵探，分析宋代鬼怪的文化，是要了解當時人對於情與欲的投射。每個故事背後反映的都是時代的影子，由於太過精彩，在此就不破梗了。

鬼怪象徵的是我們對於未知世界的想像，由於不了解的事情太多了，所以我們只能用想像力，滿足我們對於未知世界的控制。卜算文化也是我們人類想要理解、預知和掌握未知的方式，在考試之前祈求神明給我們好的運氣，讓我們金榜題名，擁有好的前途。或是期待美滿的人生，有美嬌娘、有花不完的錢財、有很大的權力，人類的慾望有多強，就會造就多深的卜算文化。

宋代的士人透過科舉制度決定他們未來的前途，一試定終生，考試壓力無比巨大。在面對前途未卜的狀況下，到市場或是廟埕前找老師鐵口直斷一下，也是人之常情。如此的情節看起來是否和我們現在的考生相當相似呢？行天宮地下道的算命街，或是每逢考試，大量的考生拿著准考證的影印本到文昌帝君前祈求考運，其實追本溯源都是來自宋代。

一千年前的宋代離我們並不遠，他們對於鬼神世界的想像和我們現在很多情節類似，對於風水和卜算的文化仍然是我們當代文化裡影響力很重要的一部分。看到宋代的文化，其實也看得到我們的影子。

【自序】

人相信「鬼神」這些看不見的力量

這一本鬼神通俗之作終於催生出來，有賴於出版社主編的肯定與敦促。希望這本著作能夠讓更多人接觸到宋人的鬼怪思想，特別是是卜算、占卜及對祖先、人鬼的祭拜儀式，即使是「文明的」現代人也莫不遵從深植在腦海裡「舊風」而不自知。

本書完全立基在既有研究之下，筆者藉由汗牛充棟的專著中，揭開一角有關宋人的日常宗教生活實踐。同時，也為有興趣深入閱讀的讀者提供相關書目，按圖索驥，因此，在本書最後羅列參考書目。

「活著」，人就必須不斷地回應現實生活的挑戰。《論語》所說：「洒掃、應對、進退。」這六字正是所謂「盡人事」，但「盡人事」之餘，人更關心探知「天命」，想要改變自己的命運，希望能夠趨吉避凶。

「命運」這件事情就像是基督新教般讓人難以捉摸，人人有機會，但是各各沒有把握自己會不會雀屏中選。話說到底，人生究竟還是一種「不確定性」，若無法面對「不確定性」，大多數人內心多半難以忍受，所以許多人拼命從外在的世界找尋自己的安全感。因為不確定最容易衍生出恐懼，恐懼會讓人更需要安全感。特別是透過二〇二〇年COVID-19疫情，人心惶惶的恐懼心，我們見到世界上因為恐懼，群眾因而過度採買，造成物資短缺，因為疫病而產生「獵巫」的社會風氣，這與歷史上所見的巫術造就風俗變化是如出一轍。並非說「歷史會重演」，因為每分每刻都是持續向前推進，都是新的開始。會類似的因素是「人都難逃一死，也會面對死亡」，當社會出現極大的恐懼，從恐懼中延伸出緊張感，便會讓群眾早已遺忘人都會死的課題，再度浮現。

中國文化的佛、道教在唐至宋元時，成為廣泛的民間信仰，當然其宗教發展在往後的朝代各有其斷裂、延續與創新，並非能一時道盡。歷史上我們還見到許多故事透過異人、儀式的巫術，幫助自己經商順暢，走在人生的尖端，好好做一個自在的「山大王」。

有些則是強調陽世間的家人，如何經由宗教儀式的協助，拯救在陰間受苦的親人。當然這也存在著悖論，例如司馬光就不信邪。他曾說過：「如果你認為家人死後需要贖罪，就等同於說你把自己的家人視為罪犯，活著的人假定『家人有罪』是不孝的舉動。」這段話思想上固然是有力的辯駁，但是司馬光面臨到生活實踐時，仍然不可違逆日常生活的俗世生活，照樣請僧人念經迴向家人。

我們從閱讀宋代筆記，可以得出一個觀念「宋人常常見鬼」。

難道是宋代讀書人的八字太輕嗎？還是鬼在宋人的腦袋瓜裡，有另外的意思呢？

我想兩者可能都是，因為鬼就藏在日常生活之中。朱熹談鬼，也說到鬼就在我們身邊。其大要是：他認為鬼神是氣的聚散離合，鬼只是因為心生忿恨等等而對人世間有所留戀，故能在世間上遊蕩，而精氣較強的死者，因為一氣尚存，所以仍然能在世間作祟。這些概念是延續《左傳》鄭伯故事的討論。

是故，本書撰寫的主題圍繞在「子不語」的範圍，像是卜算、鬼怪、風水、氣等等，說明鬼怪的的世界一直都存在我們周遭，也強調國家政治對於宗教的積極控制。

除此之外，有些宋代的民間信仰一直延續到現代的文化。例如：《夷堅志》曾載江浙一帶的人相信「巫鬼」，相傳人死後他的靈魂會回家，依照死亡後的日數計算。到返家當日，全室的人都會離開避煞。只命壯丁或是僧人守在旁，布灰於地，明日再來觀灰的蹤跡，這類儀式仍然存在於臺灣。

宋人相信死後親人會成為祖先，祖先具有靈力會庇佑自己的子孫。就像是故事裡曾有遇鬼的讀書人王毅，在遭受群鬼圍攻時，已經去世多年的父親出現拯救自己的兒子。而究竟人、鬼與祖先之間的關係是什麼？許多歐美的人類學者對類似的課題也充滿好奇。當然這個「好奇」，更可追溯到伏爾泰那時代對神祕東方的想象，這些問題在宋人筆記已有非常精闢的見解。

舉例來說，宋儒程頤曾反對宋人以風水、方位還有看日子，決定安葬祖先的方式，這樣特別以「利後」（有利於後代子孫）考量，程頤認為這不是孝子該有的行為，因為這類行為像是後代子孫將祖先遺骨視為工具，利用風水操縱吉凶禍福。

對程頤來說，他提出類似朱熹的說法，祭祀祖先是因為「父祖子孫同氣，彼安則此安，彼危則此危」，換句話說，子孫與祖先之間像是陰陽之間的消長，祖先過得好，後代子孫也會過得好。

其次，由於宋代人鬼之間的互動非常頻繁，鬼怪其實正反映著人性，我們知道世間上有好色的人，自然的映射出也有好色的鬼怪，出現擄人勒索、失蹤、撞鬼、女性情慾的故事。本書會舉出一些這類的故事，試圖抽絲剝繭，因為故事可能反映的是：宋代社會人口販賣及隨著商業發達離開鄉里的危險；再次，從情慾來看，大多數比例都是女性夜半敲門的故事，這一方面固然是「男性意識」筆下的產物，但也略為折射出隱藏在故事裡的男女情慾。當然，人鬼之間可以相戀相愛，特別是大家相信「陰陽調和」，可以讓死者復生的傳聞，也都在筆記故事裡。

一九七〇年代人類學者武雅士對臺灣海山溪南地區的研究，提出：中國文化的宗教信仰，地下陰間官僚就好比陽間映射的官僚組織。這是武雅士對臺灣海山溪南一帶研究提出這樣的論點。

此外，千年之前，有好些人不小心受到地府官員誤抓，回魂之後寫冥間遊記，正說明了死後世界也有一套類似於人間的官僚制度，既然是官僚制度，都難免會犯錯。因此，從佛教成為中國化佛教後，閻羅王到了中國文化的冥間負責審判，唐代原本在冥間門口拯救亡魂、負責糾錯地藏王菩薩，最後也成為冥間教主。

最後，對宋人來說，也許是因為商業生活擴張了他們的生活領域，旅遊在外成為部份人的常態，因此故事往往發生旅途中。他們容易在野外遇到老虎、蛇、狐狸這三種精怪，他們會幻化成人，無論是與人交媾、欺騙、捉弄、殺人等等。

人到底相信什麼？宋人也許跟我們相聚千年之遙，可是在信仰上卻是近在咫尺。本書的主要來源《夷堅志》，說明人相信「鬼神」這些看不見的力量。

最後的最後，感謝先父、先母對我的養育之恩，以及在撰寫本書中默默給予鼓勵的Daisy，幫助我整理資料的學弟蔡孟全、葉泓緯先生及許多朋友，感謝羅心婷小姐協助蒐集眾多史料，更感謝國立臺北大學蔣義斌教授、海山學研究中心洪健榮主任、碩論指導教授劉祥光先生的提攜。若本書史料、文獻有誤讀、詮釋的問題，皆由筆者自行負責。

第一章

宋代文化中的鬼神論

中國古代鬼文化的演變

古代中國思想上的靈魂觀

近代史學家錢穆曾說：「東方人似乎早先有一種靈魂觀，信有死後之靈魂，卻沒有詳細說生前之靈魂。」古代中國甚早認為有靈魂的存在，畢竟人對死後世界並沒有多少的把握，死後的世界也只有當自己經歷到死的時候才能體驗。

這件事發生的前提還必須是：人的感官知覺能夠延伸到死後的世界。

歷史上各個宗教都曾經解釋過死亡及死後的世界，畢竟對於人類來說這「死生亦大矣」，出生與死亡皆是重要的大事，而且人類出生就必定走向死亡，至少在現今的科學還是如此。

錢穆說：「靈魂在世及輪迴之說法，其背後透露了人類自己對生命要求永生及不朽之無可奈何的心裡。」這句話確實點出在人類發展的進程，難免出現的永生思想，想要長久的待在人間世。

錢穆《靈魂與心》認為東方人在很早的時期就已捨棄靈魂觀念而另尋人生之永生與不朽，此一問題，實可說是整個中國思想史裡面最重要的綱領。《左傳．魯襄公二十四年》提出一個大問題：

> 古人有言死後不朽，何謂也？

內文是孫叔豹與晉范宣子的對話，討論的關鍵在於對時人來說，什麼是「不朽」。這一段對話，至少有兩個關鍵，一是家族代代享有祿位，是所謂的「世祿」，一是對社會上的三不朽「立德、立功、立言」。

戰國時期，孟子說：「不孝有三，無後為大。」這時不朽的觀念，已經不是從家族世祿來立論，已成為純粹的血脈傳承，延續家族祖宗系譜的後裔。

錢穆先生認為對東方思想來說，是人死後想要留個印象在這一個世界。古人的思想提過「不朽」的觀念，史稱「三不朽」：立德、立功、立言，此三者推論其用意不過希冀自己的道德、事功、言論，還存留在人們的記憶裡。他說：

照東方人的看法，（人）似乎本來就應該反映在別人心裡而始有其價值。故曰：「士爲知己者死，女爲悅己者容。」、「鍾子期死，伯牙終身不復鼓琴。」若一個人獨自孤零零在世上，絕不反映到他以外的別人底心中，此人雖生如死，除卻吃飯穿衣一身飽暖的自我知覺以外，試問其人生上有何種價值、何種意義之存在。換言之，只要我們的一生，依然常在別人心中反映到，即使沒有吃飯穿衣一套溫飽之覺，其人生到底還在存在，還是有價值，還是有意義的。

這段話說明錢穆認為對東方人來說「不朽」，是自己生命的價值能反映在他人的心底。今人大抵會以想像共同體或集體記憶之類社會學的範疇，來說明錢穆先生所說之「不朽」的意義。

錢穆認為儒家論「祭義」，最根本的便是「祭神如神在，吾不與祭，如不祭」。祭祀用社會學家涂爾幹的解釋，便是神話與儀式的再現，同時象徵著喚醒團體共同記憶，換言之便是死者在家人的心中還存在的片段印象，是讓死者若生的觀念。

因此，古代中國人的思想自孔子對於祭祀的思想後，其實對於靈魂之有無，對中國人來說是相對不重要的。

《左傳》對「三不朽」的概念是：自己自身的行為能夠映射在他人的心底。可見孔子將不朽的留念，轉成一個人的人生義務與責任，認為「慎終追遠，民德歸厚矣。」同時《孝經》也提出「顯親揚名」是孝道的表現，將原本古代對於不朽的概念反轉成一個人在人世間的義務與責任。因此，孔子發明「仁」的概念，用推己及人、仁的概念創造，像是多面反射的鏡子，人與人之間互相映射成為一個偌大的共同體，互相扶持。這個時候，理解孔子所說「朝聞道，夕可死矣。」這句話便將人畢生的追求，除了三不朽的至高標準外，還外加了理解「道」對人生的重要性，甚至「道」的重要性超越生死，讓白駒過隙的人生成為追尋「道」的有意義人生。所以，這樣的論述仍影響我們現代社會，我們凡是要講道理，意思是除了能夠讓人信服，還要讓個人在世的責任與義務變成人生的終極目標。錢穆說：

> 俗語說世道在人心，世道便由人心所立。把小我的生命融入大群世道中，便成不朽。而其機括，則全在人新知互相照映相互反應之中。我們可以說：「世道人心，實在已是中國人的一種宗教，無此宗教，將使中國人失卻其生活之意義與價值，而立刻感到人生之空虛。」

因此，錢氏所指示的價值觀在於中國文化的精神是將自己有限的生命融入在「道」的世界，「道」隨著往後政權的發展成為眾人追尋的人生目標，這也是中國文化重視「心」的關係。

在論述中國鬼的前提，引述錢穆先生分析中國古代靈魂的看法，目的在於說明：中國文化的精神在春秋時代出現了一種新的轉折，重視身為人在世追尋自己終極理想的幻夢。幻夢不總是泡沫，而是在制度化的過程，以及層累的疊加造成我們現代理解的「傳統」。那麼「鬼」從哪裡來呢？

「鬼」在歷史中的發展

鬼存在於世上，肯定有其存在的理由，反之，不存在理由，鬼就不存在。在對話中，我們利用譬喻去創造我們認識的世界，以及它的形成，我們認知「有鬼」，是因為在我們話語中創造出「有鬼」的情境。

最早從《易經．繫辭傳》：「精氣為物，遊魂為變。」大抵自然界的日月精華變化成物體，這些物體乃是在宇宙之間遊蕩的魂氣，轉變而來。從神話以及早期古代宗教信仰，多半認為人是能量的聚合體，能從自然界的外在吸收大地的力量。

《禮記》又說：「魂氣歸於天，形魄歸於地。」從這裡理解中國文化，說明人類的身體是形魄，形魄之所以會運轉是因為有魂氣在內部經營，所以有「精神」，表示人類身體內部的力量，持續運作順暢。因此，人死之後，魂氣回到大自然的天上，形魄回到土地的懷抱。

《禮記．禮運篇》提到人死的時候，南方的習俗會爬在屋頂上呼喊死者。這是因為古人認為人剛死去的時候，魂氣離開身體四處飄遊，所以需要呼喊人的靈魂，這也是至早可見中國文化南方的「招魂」儀式。《禮記．檀弓》：「骨肉歸復於土，命也；若魂氣則無不之。」意思是人死後骨頭與肉身都將回歸於土壤，而人類的魂氣則是無所不往。從早期的資料來看，中國古代對於魂與魄，顯然是有不同的認知。

至於為什麼必須要埋葬死者，我們就學時可能就只是認知從舊石器時代晚期就可能出現埋葬死者的行為。但是，讀書可不能死記，當我們看到埋葬死者時，我們心裡的一個反問，那不埋葬會怎麼樣？因為，行為的背後可能是整個宗教思想與價值觀出現極大的變化。這個變化的詮釋，就是人類對日常生活觀察得出的解答，對與錯不見得有，但有高下之分，換言之，有些答案從觀察得出的結論更能驗證，也說得明白。

孟子的回答是什麼？請大家先想過後再繼續看下去，孟子的回答不見得很難，重要的是經由思考想出原因，得出解答這是人類在日常生活就必須一直做下去的事情。

孟子說：「世上很少有人不埋葬自己的親人，因為凡是人類就會不忍心自己的親人受到其他微生物、動物啃蝕至盡，所以會將親人的屍體葬在土底。」

上古時代集學術大全的《呂氏春秋》，也認為人類不忍心見到自己親人，丟棄在路旁的溝渠，這是人性。埋葬意味著將人的屍體藏起來，讓死者回歸到大地。

從上面的討論，中國文化「魂」與「魄」兩者明顯不同，魂氣是構成身體精神的主要關鍵，人死之後魂氣就游離在人間，換言之，有魂氣的出現，便有鬼出現。但是鬼的形體是什麼也許先秦時代的人，還不知之甚詳。

就像學者研究早期上古三代，掌握政治實力的人多半身兼巫師的職位，擁有溝通天地、預測未來的能力，這些能力更符合《易經・繫辭傳》：「陰陽不測之謂神。」陰陽之間，一去一回，有來往便會構成訊息，訊息組織成密布的關係網絡。所謂「陰陽不測」並非玄學，而是出乎他人意料之外，謂之「陰陽不測」，所以《易經．繫辭傳》認為能夠作到陰陽不測的人就是「神人」。

死不瞑目而成為鬼

《左傳》最早記載有關鬼的敘述，來自於鄭子產的對話，鄭子產說：「鬼有所歸，乃不為厲，吾為之歸也。」這段故事來自於鄭國伯有的亡魂作祟，由於伯有死於政治鬥爭，鄭人貴族紛紛都說見到伯有的亡魂，或是夢到伯有披甲而行。國內充斥著對於伯有政敵死亡預告，驚人的是預告紛紛成真。這一場政治風波，最後，子產立（設立）與伯有有親緣關係的公孫洩與伯有的兒子，用來安撫伯有作祟的亡魂。

子產提出解釋認為，鬼魂在世間由於無所歸，所以需要讓鬼能夠安心，好好的回歸塵士之中，就不再作祟。

「無所歸」的鬼魂，對於旁人來說是危險的威脅，因為「無所歸」的鬼魂得不到安撫，會作祟且成為「厲鬼」。鄭子產又說：

在人世間的陽氣稱爲魂，人生在世過得愈是豐富，遍覽精細巧妙萬物的人，就會產生強大的魂魄。因此當一個人修煉至極時，便能夠有超乎人想像的能力。一般人意外而死尚且能夠附身在他人身上作祟，更何況是家族顯赫的伯有。[1]（原文請見《左傳・昭公七年》）

近人引用鬼成為「厲鬼」會作祟，多由鄭子產的這則對話而來。換言之，近人因意外

1 本段文字為求閱讀順暢，筆者調整大部分的文句，建議參照原文，若有任何解釋上的疏失由筆者自行負責。

死亡，心有所不甘便會回到現世作祟等這類的想法，大抵可能與這則有關。

但這則故事的語境，卻像是鄭子產面對晉國的挑釁下所作的回應，伯有之所以成為強大的鬼，在於他在世間時的活動及強大的意念，造成他與匹夫匹婦僅能「附身」在他人身上不同。因為伯有魂魄強大，故能作祟。即使「魂魄」之間的定義，歷來注疏有不同的見解，本文採用東漢鄭玄說法：先有魄才有形體的覺知意識，而自然之精氣魂附著在魄上，兩者皆是存在自然的靈魂。

既然如此，就古人的生活來說，人類本來就生活在靈魂的世界，兩者並非肉身與靈魂的關係，而是人類的存在就是「魂魄」兩者靈魂交互作用的產物。

先秦時代論鬼神

先秦時代以後，《禮記・祭義》〈鬼神之德〉篇章假託孔子與宰我討論「鬼神」的故事，將原本魂魄的故事轉化成為政治上鬼神的意義說：「明命鬼神，以為黔首則。」這時「鬼」的意思，成為回歸大地塵土的形骸，而「魄」字不單只得是形骸，還帶著生前覺知的活動，活著時候稱為「魄」，死後成為鬼。在此唐代的經學家孔穎達就認為氣是人精神的來源：

> 氣也者，神之盛也者。

孔子回答宰我的疑問：

> 言神是人生存之氣。氣者，是人之盛極也。

所以，「鬼」在先秦諸子的眼中最後成為「鬼」的本義即是「歸」，回到大地最初的形體。因此，先秦朱子說神，指的是人生存的氣，今人也以「一氣尚存」來形容一個人仍舊活在世上。因此，儒家就認為人之異於其他禽獸在於人類有意識，活著時候的意識在死後仍然活在人間世，所以人鬼之間可以互相感應。由於死生之事是極為重要的事情，古代聖王制定祭祀的規則，目的在於分辨活著以及死去的魂魄，活著稱魂死後稱為神，活著稱魄死後稱為鬼，所以人死之後有關於亡者的幽魂就成為「鬼神」之事。

《禮記．祭義》說：「合鬼與神，教之至也。」從中國文化政教的角度來說，聖人設教的思想便呼之欲出，聖人設教意味著有能夠體察萬物變化的人，創造出符合時代的新制度便是聖人，而這聖人的角色正是國家的君主，至少在鬼神思想上是如此。

而本書除政治菁英對於鬼神、卜算等認識外，對民間來說，鬼神之物更是存在世道人心，俗話說人心反映世道，民間信仰、筆記小說的「鬼」，與其說是「鬼」，不如說這些有意識受菁英撰寫流傳下的人鬼故事，人即是鬼，鬼即是人，人與鬼的界線在故事中變成十分模糊，正因為模糊的界線，人鬼之間有機會發生關係、交往以及互動進而產生大量的社會史料，讓我們去思考跨越時代的意義。

歷史上的左道與鬼

人死之後，將往何方？死亡作為人在陽世生命的終點，也是另一種存在，也就是「鬼」的起點。那麼，古中國人是如何理解鬼的存在，甚至是與鬼產生互動？美國漢學家萬志英（Richard von Glahn）的著作《左道：中國宗教文化中的神與魔》，對於早期中國的祖先與鬼神有相當詳盡的探討。

史料中的最早紀錄，可以追溯到三千年前的商朝。許多當今可見的信仰現象，在商朝時即已經出現。

就像是人類學家武雅士溪南地區的研究，追求現世福祉為主旨的祭祀活動，以及將世俗世界的現象映射至神靈世界，進而創造出靈界的等級秩序。

武士與祭司為商朝宗室與貴族的首要身分，商王是巫師以及上帝的代言人。

商王利用宗教的力量號令宗室與貴族，建立起龐大軍事力量與政治權威。商王就特別重視祖先，因為祖先能夠影響國家的禍福，這一點在日後人類學者在臺灣田野調查也提出這樣的觀點。

「帝」是光明、神祇的意思，從社會學家馬克思・韋伯以「克利斯瑪」（領袖魅力）代表宗教領袖的魅力。

「上帝」在商朝人的觀點中，是至高無上的人類命運仲裁者。祖先可以直接與「上帝」溝通，藉由向祖先供上豐厚的祭品，期望祖先可以代表後代子孫向「上帝」求取庇蔭。因此，在商朝人眼中，祖先的地位相當崇高，商王也經常透過巫卜與祖先溝通，以求取對於決策的指引。有趣的是：祖先在商人眼中，除了是敬奉的對象以外，也是某些災難的來源。例如商王身體不適時，卜辭中最常出現的，往往是詢問是否觸怒哪位祖先，以及該如何平息祖先的憤怒。

商朝時期，信仰與統治緊密的連結在一起，非貴族身分的人無從插手祭祀活動；同時神也是無情無欲的存在，只要求在世者盡到應盡的祭祀任務，而不會對凡人施加道德性的要求。商朝人對於死後命運的關切甚少，在祖先祭祀中越古老的祖先擁有越強大的力量，但是也失去了做為人的特徵與個性，成為古老的靈力也是權威的象徵，而非血脈與情感相連的古老親人。

周朝後「天」的角色出現了，「天」會直接涉入人界的事務，且會以普世的道德準則施加於追隨者。「天」會選擇遵從天意的人統治天下，未能遵從的話，「天」會將其恩惠轉移至更加適任的人選。

祖先作為凡間與神界溝通者的身分消失，祖先崇拜的涵義也產生轉變，如前述錢氏的看法，人更重視自己在世的作為。在周人的想法中，崇拜祖先是因為他們的道德高尚與仁慈行事，祭祖的用意在於呼籲後世子孫效仿祖先的行為，以保證「天」的恩惠持續與家族命運同在。

西周晚期開始的動亂，令祖先的形象再度出現變化。在戰亂、瘟疫、饑饉與災害，以及隨之而來的死亡四處蔓延的幾個世紀中，原有的社會秩序受到衝擊，祖先開始從西周時期的偉人形象，轉變成瘦弱、無助，依賴陽世子孫供奉維持身形的鬼魂。《左傳》中記載：

冬，狄圍衛，衛遷于帝丘。卜曰三百年。

衛成公夢康叔曰：「相奪予享。」公命祀相。甯武子不可，曰：「鬼神非其族類，不歆其祀。杞、鄫何事？相之不享，於此久矣。非衛之罪也。不可以間成王、周公之命祀，請改祀命。」

西元前六二九年，衛國為避外敵入侵，不得不將首都從楚丘（今河南滑縣）遷至帝丘（今河南濮陽縣）。遷都後，時任君主衛成公卻夢到衛國開國君主康叔，抱怨給自己的供品都被原先居住在帝丘的相奪走了。相為上古夏朝時的君主，曾經定都於帝丘，衛成公因此命令臣下祭祀相，卻受到甯武的反對，認為夏王朝的後裔已經遺棄了他們自己的祖先，衛國只要祭祀自身祖先即可，對夏朝的祖先沒有祭祀義務。由這則故事來看，商朝祖先的令人敬畏、西周文化中祖先偉大的形象，在東周之後開始轉向，大量非自然死亡催生出了對死亡，以及對凶死者的畏懼，這也是人與自然互動下的結果。

無法自後代子孫處獲得供奉的亡魂，被視為具有危險性。此時的人相信，與亡魂的不正常接觸會導致疾病或死亡；因暴力而死亡的凶死者危險性則更大，因為他們會主動尋求對其死亡負有責任者進行報復。

進入漢朝以後，「天」的概念再度轉變，變成了缺乏個性的抽象道德概念。與周朝不同，祂不介入俗世事務，然而在民間的觀念中，「天」依舊高不可攀，且會嚴格依照法律條文執行正義，這使其成為被恐懼的對象，尤其是亡魂可能必須遭受的折磨。漢代的墓葬形式，越來越多體現了漢代人視墳墓為亡魂的永久居所，且亡魂在墓中仍保有感知，他們必須依賴後世子孫的祭祀來維繫自己的存在。

有趣的是，漢代人雖也相信亡魂可以為禍於人，但是比起單純的祭祀安撫，他們另有一套方式應對，如以書寫禱詞的護符，祈求天帝和其麾下天兵天將的保護，或者是祈求過世祖先自身罪惡招來的刑罰，不會禍及子孫。

他們相信亡魂可以為禍於人，代表的是人類透過死亡而成為亡魂時，獲取了某種方面的能力，令其有能力影響陽間的活人。因此，亡魂既然有能力作惡，當然也能運用此等力量助人。

漢朝宗教信仰中的多數神仙都曾經是一般人，因在世時的功勳或死亡時的際遇而獲得了神力，進而被納入依漢代科層官僚體系樣本所建立的神仙體系之中。

以東漢末年的蔣子文為例，晉代的《搜神記》記載：

蔣子文者，廣陵人也。嗜酒好色，挑撻無度。常自謂己：「骨清，死當爲神。」漢末，爲秣陵尉，逐賊至鐘山下，賊擊傷額，因解綬縛之，有頃遂死。及吳先主之初，其故吏見文於道，乘白馬，執白羽，侍從如平生。見者驚走。文追之，謂曰：「我當爲此土地神，以福爾下民。爾可宣告百姓，爲我立祠。不爾，將有大咎。」是歲夏，大疫，百姓竊相恐動，頗有竊祠之者矣。……議者以爲「鬼有所歸，乃不爲厲」，宜有以撫之。於是使使者封子文爲「中都侯」，次弟子緒爲「長水校尉」，皆加印綬。爲立廟堂。轉號「鍾山」爲「蔣山」，今建康東北蔣山是也。自是災厲止息，百姓遂大事之。[2]

蔣子文並非是特例，他所代表的民間神祇，大多數都有一共同的特色，即他們都是遭遇非正常死亡的英勇戰士。在當權者看來，這類敗軍死將的崇拜無疑是危險的，充斥暴力、邪神以及強大的亡魂，對此種現象的反省促使了東漢末年道教的出現。蔣子文作為土地神信仰在宋代《夷堅志》也有記載。

總而言之，道教雖然否定了民間神靈的合理性，卻又將其吸收至本身的信仰之中，令其從無序轉換成有序的、在神仙位階中具一席之地的神祇。然而對通俗宗教來說，由死亡帶來的神力可以令靈魂轉變為神祇或鬼王，這兩種身分在民間信仰中其實相當模糊，為避免他們降災於人，必須祭祀以安撫、討好他們，甚至可以藉此尋求他們的施恩協助。

東晉時期，大量的北方人南遷至江南一帶。在不熟悉的風土民情中生活，催生了大量關於南方妖怪的傳說，山魈即為其中具代表性的一類。

2 干寶，《搜神記》，卷五。

山魈亦被稱之為「山都」或「木客」，在志怪小說中對其描述如下：

南康有神名曰「山都」，形如人，長二尺余，黑色、赤目、髮黃被身，於深山樹中作窠，窠形如堅鳥卵，高三尺許，內甚澤，五色鮮明，二枚沓之，中央相連。土人云：「上者雄舍，下者雌室。」傍悉開口如規，體質虛輕，頗似木筒，中央以鳥毛爲褥。此神能變化隱身，罕睹其狀，蓋木客、山魈之類也。[3]

可以看出，這類的妖怪雖具人型，卻也有能夠變化、隱身的特殊能力。以至於一般人時常難以察覺，這些特徵反映：將異鄉居民描述為非人之物的趨向，同時也說明了北方人來到陌生的南方之後，對於南方山林中陌生野生動物的觀察。同時，這類妖怪還會保護自己從屬於的事物：

贛縣西北十五里，有古塘，名余公塘，上有大梓樹，可二十圍，樹老中空，有山都窠。宋元嘉元年，縣治民袁道訓道虛兄弟二人，伐倒此樹，取窠還家。山都見形謂二人曰：「我處荒野，何豫汝事！巨木可用，豈可勝數？樹有我窠，故伐倒之。今當焚汝宇，以報汝之無道。」至二更中，內外屋上一時火起，合宅蕩盡。[4]

在志怪小說中，描述了有人伐倒了山都築巢的老樹，並取巢歸宅，隨即受到報復，整間住宅遭到燒毀。不過，他們同時也是相當講求誠信的商人，以誠實不貪而為人所知：

虔州上洛山多木客，乃鬼類也。形似人，語亦如人，遙見分明，近則藏隱。能斫杉枋，聚於高峻之上，與人交市，以木易人刀斧。交關者前置物枋下，卻走

3 任昉，《述異記》，佚文。

4 任昉，《述異記》，佚文。

避之，木客尋來取物，下枋於人，隨物多少，甚信直而不欺。[5]

可以看出木客，或是同性質的山魈、山都這類的妖怪，是一種跨文化的互動暗喻。遷居南方的中原人與本地人貿易時，出於語言溝通上的不便而採取這類措施，以方便在語言或書面溝通無法發揮作用時的貿易。

山魈類妖怪的傳說，出現時間多在於東晉時期，且多與南方神祕的山林、未見的動物以及口語難以溝通的南方居民有關，可以推論這是一種文明與野蠻的鬥爭暗喻。這類在危險與正直之間的兩面性，可見於當時的志怪小說：

唐天寶中，北客有嶺南山行者，多夜懼虎，欲上樹宿，忽遇雌山魈。其人素有輕齎（攜帶的貨物），因下樹再拜，呼「山姑。」樹中遙問：「有何貨物？」人以脂粉與之，甚喜，謂其人曰：「安臥無慮也。」人宿樹下，中夜，有二虎欲至其所，山魈下樹，以手撫虎頭曰：「斑子，我客在，宜速去也。」二虎遂去。

明日辭別，謝客甚謹。

天寶末，劉薦者爲嶺南判官。山行，忽遇山魈，呼爲妖鬼，山魈怒曰：「劉判官，我自遊戲，何累於君，乃爾罵我？」遂於下樹枝上立，呼班子。有頃虎至，令取劉判官，薦大懼，策馬而走，須臾爲虎所攫。坐腳下，魈乃笑曰：「劉判官，更罵我否？」左右再拜乞命，徐曰：「可去。」虎方舍薦。薦怖懼幾絕，扶歸，病數日方愈。[6]

他們具有兩種相反的特徵，介於獵食者與友好的貿易對象之間，這與前期民間信仰中的亡者信仰又有相似之處。有意思的是：山魈跟虎的形象相當近，宋代《水滸傳》武松打虎其實跟在山林裡的山魈有關。

5 萬志英，《左道：中國宗教文化中的神與魔》，頁一〇二。
6 戴孚，〈斑子〉、〈劉薦〉，收入氏著，《廣異記》。

此外，對民間信仰來說，瘟疫也讓人認為跟鬼怪有關係。因為，民間信仰裡，鬼魂已經被認定是危險的，與亡魂的不正常接觸會導致疾病或死亡，大規模的災難被視為是自然秩序的失序，會導致各種失調與病症，因此舉行大儺以驅逐引發災難的各種邪靈惡鬼。

儺者，逐疫鬼也。爲陰陽之氣不即時退，疫鬼隨而爲人作禍。故天子使方相氏黃金四目蒙熊皮，執戈揚楯，玄衣朱裳，口作儺儺之聲以敺疫鬼也。[7]

這類的儀式，用意並非消滅引發災難的邪靈，而是將他們驅逐至人類社會之外。早期道教會認為引發疾病不是惡靈，而是人間世道德行為失調，引發上天的譴責。

東晉後，疫鬼出現在道教典籍中，賦予各式各樣的職權。昔日的疫鬼不再被視為災禍的化身，而是驅逐瘟疫的守護神。以五瘟使者為例，在東晉時期尚被視為鬼主，為一群病魔的領袖；進入宋代之後，在各道門教派的努力下，轉型成主掌瘟疫之神。

隋文帝開皇十一年六月，突然有五位力士飛在天空中，披著五色的袍子，手中各執一物。皇帝問太史說：「這個是什麼神祇？他們又主掌什麼災福？」太史說這是五瘟神。上奏說：「此是五方力士，在天上為五鬼，在地為五瘟，名曰五瘟：春瘟張元伯，夏瘟劉元達，秋瘟趙公明，冬瘟鍾士貴，總管中瘟史文業。」隋文帝便立祠，封五方力士為將軍。[8]

五瘟神被收入道教神仙體系後，逐漸轉型為驅逐瘟疫的守護神，現今仍存在於福建、臺灣等地的五福大帝信仰，即為此一發展的見證者。浙江地區的溫瓊信仰或可為一例證。

溫元帥是曾建立戰功的武人，未及成家即去世，最後被敕封為神。但是，學者康豹指出：溫元帥的信仰是由瘟鬼轉型而來，因其於傳說中曾經吞下北帝（即玄天上帝）命令他散布瘟疫的毒藥，保護了許多人民免受瘟疫荼毒。[9]由此可見歷史上的「左道」來自於人類身處地域的想象，同時，不同地域文化的人群各自以「譬喻」解釋日常生活。

7 皇侃，《論語集解義疏．鄉黨第十》。
8 《三教源流搜神大全》，宣統觀古堂本，卷三。
9 康豹，〈屏東縣東港鎮的迎王祭典：臺灣瘟神與王爺信仰之分析〉，《中央研究院民族學研究所集刊》，七十（臺北：中央研究院民族學研究所，一九九一）。

歷史深處的反思——佛教與宋太祖建國

那年正月初一的戲

歷來中國講求天命，天命「唯德是依」，中國文化說「德」的意思便是「直心」，換言之就是一種誠意。有誠意的人得天命，當你不依天命而行，「逆天」不只是官僚反，人民也反。

官僚是一個群體，他們代表著是菁英群體的呼聲，但群眾並非一塊鐵板，人民的樣貌在各個朝代有很大的差別。

所以才說不同的朝代，有不一樣的風俗。今日提及風俗總覺得這個詞是老古板，簡單來說，「風俗」就是一個時代的關鍵文化，就像每個時代有它的獨特語言一樣，代表一種集體的價值觀。

宋代與後周兩個朝代就是一個模子刻出來的。

宋代史家司馬光《涑水紀聞》記載，在正月初一農曆新年的時候，契丹人大舉南侵。一般人談陳橋兵變太容易忽略那個時間正是節慶的時候——「正月辛丑朔」，「朔」指的就是新月初一。

五代末年，特別是後周世宗柴榮這一位強盛的君主，軍隊兵強馬壯，可卻不見人民有相對應的期盼。國家的興盛與否是很難判斷，又很弔詭的一件事情，就像美國前總統川普在乎的是華爾街的股市以及他的支持率，只要股市興盛，他的支持率高，連任下一屆總統的機會就大，尤其是華爾街股市影響經濟與政治影響甚鉅，只要穩定經濟，政府的其他政策對人民來說反而不見得重要。

五代繁華的洛陽城經歷亂世、黃巢軍事洗禮後最後也只剩下斷垣殘壁，就連人跡都無影無蹤。人有一個很弔詭的心態，追求變化、熱鬧和動盪之後，就想反過來追求一個穩定秩序、一種安定感。對於那個時代的人，亂世久了人心疲乏，自然寄望出現一個英雄來拯救社會，社會集體意識期待有個新秩序產生，有英雄重建社會的希望。

《佛祖統紀》是佛教的經典，對於上述這段陳橋兵變有十分重要的描述。五代後唐明宗時，曾經對天禱告「如今亂世，希望天降聖人來平定亂世」。

宋太祖的出身跟佛教論述十分相近，出生洛陽時「神光滿室，異香不散，體被金色，三日而變」。這樣的描述不是誇飾，而是形容佛降生的神蹟。因此《佛祖統紀》中描述宋太祖是「神光金體，佛大士之瑞相」這些祥瑞之兆，更重要的核心還是認為趙光胤即位便是四海望治時候的護法者。記載說：「（太祖）知興教護法，慈臨民物，以為社稷靈長之福。」這段文字所說的「護法」說的便是佛法，這是鮮為人知佛教經典對宋代開國之君的論述。

宋太祖即位後，二月十六日生日那天在相國寺宴請百官。這樣的場景實在不像是革命，因為所有官員、武將都是原本後周政權的官僚並無二異，眾人竟能群眾歡慶，也在這天將趙匡胤的生日變成聖誕日，是為長春節。宰相范質祝賀說：「紺馬效靈，應輪王之出世。」《佛祖統紀》作者將趙匡胤當作是佛教的轉輪聖王出世。

中國在廣土眾民之下，地域山川也是區分地方風俗的分界線，同時這條界線也是自然疆界與文化的界線。對佛教史來說，南方經濟較發達下，佛教發展出的理論思想是「沙門不敬王者論」，北方佛教則認為「王即如來」。當政權一直是在北方區域時，政治與宗教便是密不可分。

因此，討論佛教史還需要注意政治與宗教之間的互動，特別是中央核心區域的政府對地方宗教、民俗所產生的「移風易俗」，這一直都是中國父母官對百姓與地方教化的重點。

宋代大儒朱熹的叔叔朱弁在《曲洧舊聞》提及五代百姓不堪戰亂，有一狂僧說等待定光佛出世後，天下即可恢復和平，這本書的作者也將太祖當作是「定光佛」在世，表示這樣的印象很可能是時代菁英的共識。

如果說宋太祖就是定光佛、轉輪聖王，這樣的稱謂或想像，對於國家改朝換代的重要性又是什麼？為什麼「陳橋兵變」並非重點，重點是宋太祖趙匡胤「得天命」，成為符合人民期待的皇帝。

那是因為一個人要得位，必然先有天命作為依歸，「陳橋兵變」不過是依著宗教時代大勢所演出的戲碼。因此，這一段政治歷史是扣緊五代十國間的定光佛信仰以及新社會對英雄的憧憬，所共同創造的局勢。

佛教對宋代新王道的理解

宋承接五代亂世，宋代建立新的政權並非只是「三教合一」如此簡單的論述，而是宋朝有效的創造一套系統，使儒、釋、道這三教的力量如同三足鼎立一般。

別於三教融合的論述，三足表示他們各自獨立，卻彼此是重要不可分割的要素。

歐陽修《五代史》認為說，五代君君、臣臣、父父、子子的倫理綱紀，皆失去秩序，即使是搢紳之士在朝廷也僅追求祿位安家。換句話說，就如同《論語》所說：「恥無恥。」不以無恥為恥的知識份子，沒有展現他們在時代中應該有的積極作為。

前文提過，人們的內心對於「穩定」有一個極大的渴求，因為穩定的力量讓人覺得安心，才能夠對前途充滿著樂觀的態度。這來自人作為萬物之靈卻也是動物一份子的困境，人對於無法想像、意料之外的事情總是充滿著一股焦慮。我們厭惡不確定，極力想追求確定的答案，縱使那個答案有如鏡花水月般的虛無，一般認為能夠得到解答，在社會上就將這個狀態稱作「有規劃」。

以社會學的角度來看，任何日常生活都代表一種儀式，儀式不見得是動作，還可以是某種習慣，而且儀式需要不斷的受到確認，就像是「愛情」，我們時不時就要確認它存在。

因此，我們想要理解一個人在社會上的行為，還要去認識背後的整體結構是什麼。人是環境動物，活在群體社會裡，就會依循在某個框架，有框架的生活讓人有明確目標，清楚知道自己的位置，那就是最具有致命吸引力的安全感。

宋王朝是如何創造安全感？從儀式的角度來看，上一段我們說到儀式感，儀式有一種靈藥，稱為「語言」。「語言」不只是說話或是咒語而已，語言還代表著我們對社會的認知、期待與行動。

因此，宋王朝的新王道，來自於宗教知識份子對王朝的新期待。上述說佛教對宋王朝有極高的評價，我們更需要問的是為什麼？為什麼佛教的論述，會推崇太祖趙匡胤？

要回答這個問題就必須略知佛教在中國發展的危機。俗話說無三不成事，佛教界慘痛的歷史記憶是「三武滅佛」，中國佛教史滅佛最根本的原因，與政治、宗教是密不可分。

宋王朝建國就與佛教密切相關，因為對於佛教歷史來說滅佛的皇帝不只是三武之禍，而是「三武一宗」。這個一宗便是後周世宗柴榮，柴榮在西元九五五年下詔拆毀各地僧寺與尼寺，每個州縣只得留下一間僧寺，依《舊五代史》記載，有三萬餘所佛寺遭毀，又大肆融毀佛寺的佛像。

這次又要追問：為什麼五代末年周世宗柴榮在位時，積極地進行毀佛行動？

回答這個問題，又回到社會經濟的因素。五代經濟面臨民生困頓之際，在銅錢經濟圈下的中國政權急需原物料銅礦作為國家貨幣。佛教大盛的時代裡，寺廟鑄造佛像的材料正好是維護國家經濟穩定的銅礦，因此周世宗毀佛真正的原因並不是厭惡佛教，更大的因素是從經濟層面著眼。

所以，佛教世界不歡迎周世宗柴榮這樣的執政者。

反觀之，宋太祖即位後就停止禁毀佛像，一方面讓僧人恢復身分外，同時對於佛教游方也給予支持。更值得注意的是，宋代以後流行從鑄銅佛像轉變為木雕佛像，很巧妙的這個改變與國家政權的經濟穩定並不相斥。

開寶四年（九七一），敕令高品、張從信到益州（今四川）開雕中國有史以來第一部漢文木版印刷《大藏經》，以《開元錄》入藏經為主，陸續收入本土撰著和《貞元錄》諸經，總計六百五十三帙，六千六百二十餘卷。太平興國七年（九八二），宋太宗由國家建立譯經院。宋代孤山智圓曾說，宋太宗對於佛教有「繼絕存亡」的功勞。

「繼絕存亡」這四字今人大概沒有什麼感覺，但這在中國古代的政治傳統中，繼絕存亡就好似開天闢地、拯救世界的英雄這樣的稱呼。能夠背負起「繼絕存亡」這名號的人，就是實踐王道的人。智圓的說法可以說是佛教界對於宋代政權建立新王道的肯定，給予相當高的評價。這也是我們重新理解「陳橋兵變」的另一面。

第二章

宋人筆記小說中的鬼

人性的情慾之戰，從《聊齋》鬼說起

王溢嘉《聊齋說鬼》認為中國人的人性幽暗面潛伏在內心的角落，與其在陽光普照的社會下存活，不如說是黑影下的生存。他用中國陰陽的概念，說「陰」是社會中受壓抑的意識。

其實《易經》「陰陽之間」、「剛柔並濟」就是認為社會中存在陽光，反過來說陰暗面也必然存在。男女之情的互動往來，本是人之常情，但社會意識卻將之塗抹成受壓抑的「非常情」。

如前述，陰陽兩者的調和才會是社會有序的自然狀態。在廣闊的中國文化意識裡，攤在陽光下的故事充滿道德訓誡、歷史謀略、政治權力的陰謀陽謀，這些總是可以告訴我們

在理性上該怎麼做；另一方面，攤在陽光下的反面是什麼？

從筆記叢談裡，最常發現在陰暗處的故事過半，暗處的故事反映著不可說的「情慾」，「不可說」恰巧多是非禮，人內心無法抒發情慾壓力，所以需要有某種儀式來調劑「非禮」的道德困境。於是乎就跟「網民的做夢說」恰恰好不謀而合，假託「作夢」、「鬼靈精怪」、「作祟」便可以將不合乎社會大眾道德的故事合理化，重新包裝後說得頭頭是道。

中國文化的鬼怪故事中，「說鬼」是表面，每則故事其實都是血淋淋的「直指人心」，在人宣稱自己理性與彰顯光鮮亮麗的社會地位時，內心的野獸就像是《美女與野獸》般的童話故事，用自己的權勢與地位去俘虜受難的公主，或是暫時陷入迷惘的女性，再企圖用時間的牢籠去馴化女性。

這些幽暗的鬼故事，是潛伏在人內心的惡，它是人宣洩邪惡的管道。故事裡的鬼怪存在陽光照不到的地方，藉著他們「非人」的角色實現內心受到的壓抑。

《聊齋誌異》卷一四〈狐懲淫〉說：「狐狸常常是閒話家常中的魅惑精怪，特別愛作弄人。」以下這則故事便與狐狸有關。

某生換新房子，但是家中常有狐狸入侵，家中的衣物、器具常常受毀壞，食物中常沾附灰塵。故事裡丈夫的朋友欲借住一宿，但丈夫不在。晚飯時，狐狸暗將媚藥添入食物中。用餐前，女主人曾詢問婢女，晚飯有麝香味是為何。但婢女不知，也就未果。

女主人用完餐後，只覺得身體發熱，一把慾火熊熊升起，難以強忍，丈夫又不在身邊幫忙解決，不得已只好敲友人的房門求歡。

面對慾火焚身求歡的女主人，借住的客人不只開啟聖人模式，還向眾神呼喊祈禱。他大聲斥責女主人的行為丟自己的臉，也丟夫君的臉。這不明事理的客人一鬧，就把暗地裡發生的故事，攤牌在眾人的日常生活裡。

女主人心生慚愧，忖思自己為什麼會做這種事情的時候，想了又想，懷疑是自己吃到媚藥，結果一看家中放置媚藥的地方，凌亂不堪，果然受狐狸動了手腳。可此時心頭萬把的慾火還沒滅，這可怎麼辦？

故事說了現代社會常聽到的常識，「冷水可解慾火」，女主人趕緊往自己身上倒了大大一盆冷水。最後，清醒過來的女主人因為羞愧自縊，所幸被女婢救下，而客人也趁夜離開事發現場。

男主人回家後看到倒臥的女主人，問之良久後，便使眼色讓女婢離開，女主人淚眼婆娑地將自己發生什麼事情如實說了一遍。男主人嘆聲道：「這是我們的淫報，幸好我有好朋友，沒有玷汙我的妻子，不然我無以為人。」說完便痛改前非，狐狸便再沒有來捉弄過。這整件事情都歸屬到狐狸作祟，狐狸嬉鬧搗蛋取家中的媚藥，還放在晚餐裡害女主人慾火燒身。

這則故事不知讀者有無讀出端倪呢？

閱讀故事就像是推理，從故事中找出可疑的地方，用想像力彌補故事未提及的細節，從已知的線索揭開失樂園的真相。

故事的起源是「誤吃媚藥」，這橋段只是為了順著故事表面的邏輯，實則不然。丈夫不在家，友人臨時借宿，孤男寡女共處一室便為這場刺激的遊戲揭開序幕。愛戀、浪漫都可以是一場遊戲、一場夢，夢醒時分後，所有的浪漫都將回歸到現實生活。

女主人曾懷疑食物裡有催情的麝香，問女婢後得到不知的回答。家邸宅院內大小事無一不是女婢跟隨前後照顧，通常她就是最知道事情內幕的人。女婢說自己不知，可能不只是為了「自保」，還是一種江湖道義。就像《紅樓夢》發生在宅院的茶壺風暴，男歡女愛間只要眾人迷迷糊糊，維持表面的和諧，就可以繼續尋歡作樂。

那媚藥會不會是女主人自導自演？王溢嘉的《聊齋說鬼》有討論到：吃了媚藥的人可不只有女主人，女婢、客人都吃了，藥效卻只在女主人身上。所謂「藥」者，「要」也，便是女主人心中「想要」促成這次的「邀約」了。

可是沒想到，客人不解風情，拒絕女主人情慾的流動，這對女性來說莫過是摧毀自我信心的重大打擊。不只如此，客人吆喝的斥責，便是將檯面下的情慾公開化。這樣的「道德困境」源自於中國文化裡對「性」的壓抑，造成人羞於談性、談情說愛，還把它說成妖魔鬼怪。

不只如此，若多做推論的話，丈夫的不在場與妻子的自導自演，儼然是一場精心策畫的遊戲。令人起疑的是，女主人一開始就知道冷水可解慾火，可當慾火攻心時，她竟選擇先找客人解決，因此最根本的原因還是女主人對於客人的情慾。女主人對自己的行為相當後悔，其實更深刻描繪的是幽暗角落中的「情慾」，在赤裸的展現出來後的無地自容。

這無地自容的情感哪裡來，是因為日常的自己跟情慾的自己相衝突，一個是公開表演，一個則是內心ＯＳ。當內在我與日常我所經營的形象有衝突，通常是最讓人不知所措的情況。

因為內心的黑暗只能待在隱藏面。中國文化底蘊下，人們充滿對自我的壓抑，道德的緊箍咒自出生就在社會裡萌芽深耕，人不能表現出自己黑暗的那一面，必須守衛攤在陽光下的崇高道德，以維持社會秩序而繼續偽裝。

這說明著「情慾」必須是陽光下的陰蔭，絕不能光明正大。

所以，女主人就連求歡都得趁著夜深人靜才能敲客人房門，顯然是場密會。唯一沒想到的是客人會直接拒絕，甚至將整件事暴露在「光天化日」下，這讓女性的個人私慾無所遁形，在傳統道德上也無地自容。

沒有人知道，就算是沒有發生，即便大家暗地裡都明白它會發生、曾經發生，可只要沒有曝光，沒有被攤在陽光下，這件事情就像是不存在般，也不會成為緋聞。電影《險路勿近》：「看到，卻又沒看到；聽見，卻又聽不見。這樣，你就能繼續活命。」

世界必然需要秩序，即使實際情形是混亂而複雜的過程。從故事中可以得知，女主人與丈夫行房時有使用媚藥的習慣，說明經過適當的訓練、操演，人的身體是會習慣那不可言喻的縱樂歡愉。

慾火焚身是日常的一部分，即便在現代也存在種種慾火的變形。平時西裝筆挺、正經八百的文明人，到了夜半時分可能也在四處尋跡，忙著在月光底下撲滅一場又一場的熊熊慾火。

故事的結局是客人遁逃，究竟他與女主人之間到底有無關係呢？有時候男女情慾互動，總是千金難買早知道，後悔時又趕緊「編造故事」來求生，懂得指控反而才能好好在世界生存。「道德邊界」的故事難以操縱，只好冠上的倫理秩序，假借鬼怪、狐狸來消除人內心的不安感。

最後，故事男主人表示懺悔，反省平日蓄積過多媚藥，還差點讓女主人與客人發生驚天動地一夜情。這一切也不過是「人性」，而在這段反省自我的說詞背後，不過是一位想免於「幕後黑手」責難的丈夫罷了。

宋人旅行的人鬼情慾

根據學者統計，宋代《夷堅志》有關於旅行的故事非常多元，從白天到黑夜的故事都存在，對《倩女幽魂》電影故事情節熟悉的人，絕對不會忘記書生夜半撞鬼時，都有美女精魅出現。

先說結論，許多人對距今一千年前的宋代多半有所誤解，常認為宋人極端的重視禮教，將禮教與道德成為人的至高標準。但本書卻要詢問讀者一個想法，請問在眾多著作裡留下來的著作是知識菁英還是一般的販夫走卒？這問題不難，留下隻字片語的當然是知識菁英。那第二個想法是：知識菁英所留下的文字，受到官方所認同的文字，除文人個人的文集外，官方所編纂的文書、論述，就政治統治立場來說，是否有更大的可能留下今人所認為的「迂腐的禮教」。沒錯，這答案是肯定的，官方資料之所以是官方資料是因為它代表統治者期望的標準。第三個想法是，古今文字認識不同，若非有深刻「玩味」文字的功夫，用現在的意思去套用古代的文字意思，這不是件緣木求魚的事情嗎？因此，認定過去「禮教」殘害現代的性別關係等是很危險的一件事情，就好比是「以古非今」以歷史淪為宣傳的口號，我們必須記得西方哲人蘇格拉底曾經說過，「未經檢驗的生活不值得活」，這固然是他個人的信仰價值觀，但也點出「有思辨」是追尋人生終極價值的一場探險。

本書討論「鬼」，「鬼」在宋人的筆記小說，至少在《夷堅志》的故事它反映的是宋人內心不可說的道德困境，包括外遇、偷情、一夜情等男女複雜想入非非的故事，都用「非人」的形式說故事。既然是「非人」就無怪乎，窮盡畢生之力「十年寒窗苦讀無人知」的書生，在窮困潦倒的生活裡尋求人生的美好，本書的撰寫有賴於前輩學者汗牛充棟的學術累積，讓人能夠以管窺天，利用現有研究抒發撰寫成書。

在江紹原《中國古代旅行之研究》就提到古人重視出遊，離開自己熟悉的地方到陌生的領域。唐宋之間已經透過政治上的科舉制度、商業經貿與交通運河，促進士人旅行成為日常生活的實踐。技術工匠離開原鄉工作，以及宗教人士、術士到處遊歷，累積自我的成長。

對宋人來說，旅行中的風貌也圍繞著精魅鬼怪，「鬼」是人對宗教的崇敬以及映射，也折射著人在日常生活中的欲望。

學者高彥頤在一篇討論明末清初的婦女生活空間，利用華裔段義孚的概念認為家是活動暫時的居所，感受社會價值的中心，而空間代表著積極性，象徵動能、出遊以及面向未知。換言之，出遊可能的意含除了積極的面對人生外，也是人冥冥之間不可知的一環。

特別是出遊的男性特別容易在路途中，遭遇到身體情慾的誘惑。學者在《旅者與精魅：宋人行旅的情色精魅故事論析》就計算過《夷堅志》有六十六則宋人的旅行故事，有五十七則都遭遇陌生女性的情慾誘惑。

場景

那麼宋人出遊究竟會在哪裡慾火焚身呢？據說「老司機」們大抵心裡有數，通常有這樣慾望的不外乎：久在外頭旅行男性、工作的男性、傍晚回家的路上、旅途中發生的小火花、寄住佛寺的單身男性、深山裡的豔遇、節慶放假、浪跡天涯住旅店、迷路、喪禮、應舉往返路途、漂流到無人島。

相對女性遭遇到情慾故事，似乎男性在宋人的筆記小說更容易有豔遇發生。當然必須注意到：一是過去撰寫這些筆記的地方菁英是男性，所以這是有意識書寫男性的風流韻事。二是宋人男性行旅的風氣勝過於女性。

類型

宋人遇到的鬼魅精怪第一種類型多半是死去的亡人，有很多是親人、亡妻等，也有很多孤魂野鬼半路對旅行異鄉的男性招手。更特別的是，我們在筆記故事裡還會看到假冒旅行男性熟識的亡妻，藉此換得男女間的親熱，旅行的人不乏是儒生、太學生，甚至是僧侶，他們在旅行的過程中面臨女鬼的情慾誘惑，每一層都是一關考驗。

第二種類型是旅行路途中的花草樹木修煉成精後，也能夠幻化成人形，這對中國文化來說並非奇事，仙人能羽化變化身形，萬物透過修煉也能夠有靈性。如明代《西遊記》、清代曹雪芹作的《石頭記》都記述草木石頭化作有靈性的人類。對宋人來說，男性很容易遇到蛇、狐狸他們化作美麗的女性，幾乎男性遇到的狐狸都是美女，無怪乎有時候說魅力四射男性緣好的女性為「狐狸精」。當然若是女性「誤入歧途」在旅行遇到精魅與之發生關係，這些精魅的形象多半也是狐狸或是蛇蟒，有的時候是山魈，一種十分巨大的猴子，容易出現在鬼怪或是盜墓的故事。

第三種類型的精魅，是由人親手打造的古器物或是廢棄的古寺廟，變身成人形，誘惑來往的旅人，讓人為之心動。

說來也慚愧，故事中的男性幾乎都抵擋不住，這些來路不明鬼魅的誘惑，似乎只要女性面容、姿色姣好，對於出現的時機合理與否就不太重要了。

但是，凡事不只有一個面向，根據研究故事裡也有許多女性，遇到許多精怪化作為美男子，便上前求歡作樂。

《路西法效應》曾經實驗過「人性」的道德，它的結論是人性善惡道德的那條線是很模糊的，好人與壞人之間就像原本是天使的路西法，一不小心就會成為墮落天使。然而促使人性機制轉變的關鍵，便是「環境」對人產生的影響。

故事發生的地點，都是在人煙稀少的地方，彼此都是陌生人。通常也不會問對方太過詳細的身世背景，而且時間總是在月黑風高的夜晚，適合幽會的時候。

人類在上述時間、地點、情景遇到「鬼」是件再正常不過的事。正當長期旅途精神疲乏之際，男女隱姓埋名在荒郊野外的環境相遇，這樣的情境，不正如現代人在交友軟體尋找寂寞的慰藉似的。正因為是在荒郊野外，當人的道德發生問題的時候，「鬼怪作祟」就是一個很好一夜情或是婚外情的藉口。因此，宋人針對「人與鬼交」的態度多半是否定的，認為這會對人產生危害。

危險的行為

人對日常生活有一套儀式的見解，這套儀式感取決於它的效度有多大。人類的習慣多半從模仿開始，模仿群體中的同類做法，在生物演化的過程中這是比較有利生物繁衍的機制，符合大自然法則。日常生活的儀式、穩定，讓人正面的活在希望的陽光下，儘管背後就是陰影。

走出日常生活的旅人，從日常的習慣走到新的地域，就像是體驗從日常到非常的過渡期，它就像是特納在《儀式與反結構》書中論述儀式過渡期對宗教人是危險的狀態。因此鬼魅對人的影響，大抵有四點：

一**是鬼魅會危害旅人的身體**。旅行異鄉的人們若是耽溺在與非常的鬼物交往，如此「非常」或是並非社會道德能夠接受的事情，通常身體會受到陰氣侵擾，在縱慾過度下客死異鄉，這對女性旅人來說也是如此，女性與鬼交會出現自殘、流產、腹痛等症狀，就現代醫學而言也許有新的解釋，但宋人多半以鬼祟來解釋這可能的精神病徵。

二是**陌生人是危險的，他們是外人可能損害家族名譽**。這些旅途的鬼怪對宋人來說，可以說是「陌生人」的角色。鬼是「陌生人」意味著他們的身分來路不明，南宋《袁氏氏範》曾告誡子弟〈人之所欲，應遵禮義〉：

> 飲食，人之所欲，而不可無也，非理求之，則爲饕爲饞；男女，人之所欲，而不可無也，非理狎之，則爲奸爲淫；財物，人之所欲，而不可無也，非理得之，則爲盜爲賊。人惟縱欲，則爭端起而獄訟興。聖王慮其如此，故制爲禮，以節人之飲食、男女；制爲義，以限人之取與。

這份家訓告訴子弟說有許多人的欲望像是飲食、男女情慾、財務三者都是人類天生的欲望，如果沒有依照禮節就容易變成貪得無饜、親狎的人，甚至容易成為犯罪份子，興起訴訟。特別的是《袁氏世範》承認人類男女間的情慾。

另一則〈財色不可苟得〉說：

> 蓋人見美食而下咽，見美色而必凝視，見錢財而必起欲得之心，苟非有定力者，皆不免此。惟能杜其端源，見之而不顧，則無妄想，無妄想則無過舉矣。

這段話講的很含蓄，人對於美色，看到漂亮姿色的人，都會想要多看幾眼，因此，對付人自己的欲望就是遠離欲望，看到也要棄之不顧。從以上兩則反推宋人社會的情景都可以得出，「色慾」是那時代很容易發生的問題，更多的時候又是發生在旅行的途中。

這對於南宋《袁氏世範》的家族來說，「子弟有耽於情欲，迷而忘返」，耽溺在情慾之中，會讓人容易迷失，忘卻自己最初的事業，甚至危害到自己或是家族名譽。

三是陌生的意外女子，**容易使家庭關係破裂**。著名的故事〈蔣教授〉：蔣教授正翻山時，遇到老翁賣女，蔣教授承諾老翁暫且代他照顧小女，回家後盡心撫育待老翁的小女。小女在家中隨著年紀成長，姿色動人，蔣教授克制不住心中慾望，與這個小女生發生關係。蔣教授承諾在先，不納這位妙齡女子為妾，意思是不對這個小女生下手。但是事與願違，蔣教授違背了承諾，也讓蔣教授母親與妻子對他不甚諒解，最後在走官途中暴斃身亡、七孔流血，據說房子有狐狸竄出，疑似女子為狐狸精。

四是鬼魅會影響空間的秩序。《夷堅志》曾提到某個城隍廟旁的巷子，晚上都會有鬼魅化作女子，夜裡魅惑旅人。或是通判女兒的墳前有朵玫瑰，花開時折枝便會遇到這位女性，也有狐狸精每夜化身為女，與旅店的人同床共眠。

或許有眼尖的讀者已經發現上述的女性空間，如果不是說成是旅途中的鬼魅文化的話，幾乎就是述說旅人在外處理「性需求」的問題，因此，這些人鬼故事從宋代城市發達、多元的城市風貌來看，「鬼故事」其實可能是隱喻，真正的作用是訓誡這些旅人，節制淫慾。

雖然前述說旅行是特別的「非常」狀態，但是宋人身處在社會的日常，必然有許多焦慮與煩惱，因此宋人禪宗的修行幾乎都是在日常生活中對自己念頭的鍛鍊。

就連宋代僧侶也存在許多犯罪的問題，柳立言教授〈紅塵浪裡難修行——就宋僧犯罪原因初探〉就有許多精彩的僧侶犯罪的案例。例如有三位宋僧趁著官人的妻子與女兒元宵觀登時，置酒灌醉母女，將他們留在隱蔽的屋子，殺其母親軟禁女兒達半年，這事情才敗露。

因此，筆者認為「鬼」其實是藉鬼抒發社會現象，這是其來有自的，就像是鄉民在諷刺時政的時候，總會說是「媽祖託夢」或「我做了一個夢」開頭，以撇除自己指涉他人的風險。

所以《夷堅志》保留許多鬼魅精怪的故事，讓我們得以去反推宋人菁英他們的日常生活以及社會樣貌。此外，這也說明無論在宋人的時代或是今日，日常生活都是很難的，正如此佛家就認為日常生活是戰場，必須用兵法對付，只是往往鬼魅精怪總是出乎你意料之外。

至於鬼魅精怪如何影響宋人，也許最終都要回到宋代社會的特色，以及宋人怎麼看待生與死的問題。這問題固然是個大哉問，但是就如同眾人熟知研究宋代歷史的人總是會說：「現代世界的雛型，很多是從宋代開始發展的。」當然，筆者以下將討論的故事，你也會看到有些神祇或是我們習以為常的日常生活，原來是一系列的層累與創新而成的結果。

來路不明的女鬼——宋代女性情慾

宋朝筆記小說記載許多鬼故事，洪邁《夷堅志》更是談論菁英看待各文化現象的鬼怪大全。從民國李卓吾的《厚黑學》說世態炎涼的人性，與其說鬼可怕，不如說鬼背後文化更是可怕。

當陌生女子遇到軍人

這則故事：說到鎮守邊防的軍人姜廸出差，趕不回去基地就在路上的旅館睡一覺。在

酒酣飯飽後，突然見到綁著高馬尾的女生，一身復古裝扮，手裡拿著紅柄長戟就往軍人那裡刺去。身為軍人當然擺起手勢，馬上阻擋了高馬尾女生的進攻，並大叫僕人進房。但僕人進房時別無所見，搜索良久後所有人就離開了。當晚因為不便夜行趕路，姜迪只好要求換到西廂的小閣樓房間，命令其他人守在門前。

就在要睡覺的時候，發現婦人早已守候在他的房間，對著他說：「上次只是跟你鬧著玩的，幹嘛那麼認真？」語畢，就挽起他的手到床上睡覺，軍人姜迪不得已只好聽從這位馬尾女。後來，姜迪問陌生女子姓名時，女子不答。兩人休息後，天還沒亮，女生就離開了。

等到姜迪趁早出發，女性又執戟作為前導，送他回寨前便揚長而去。自此之後，姜迪每回經過那間旅館就跟馬尾女睡一覺，隔日又執戟送姜迪出寨，但是姜迪左右的人卻從沒有人看過這位馬尾女。這時候姜迪雖然有點疑惑，但每次放假還是跑到旅館找馬尾女睡覺。姜迪曾一五一十地把故事說給同事聽，大家聽完也覺得非常神奇。

又一天，在旅館準備就寢。突有一雙小手抓著他的咽喉，姜迪急忙呼喊後，外邊的僕人進來搜尋屋子，沒有人在。姜迪拿著燭火環視一圈，不見馬尾女。

熄滅燭火後，不久僕人就睡下了，可此時與姜迪睡覺的馬尾女出現了，說：「剛剛是我妹妹在鬧你。」話剛說完，眼前出現一個更年輕的女子，比馬尾女更漂亮，姜迪沒有多說，跟這對姊妹一起睡了一晚。明日要回基地時，兩位女子一同執戟作為前導護送姜迪回基地。

姜迪與這兩位女子就這麼維持一年的關係，漸漸地覺得氣力焦枯，食不下嚥。剛好中央來一位長官學過上清錄天心道法，據說頗為靈驗，姜迪家人便請長官治療他的症狀。這位長官設壇作法，將兩位女性調至壇前質問，並給姜迪一個靈符配戴在身上。

往後姜迪出差，就不曾再見到兩位女性為他開闢道路，守護他安全了。年紀稍長的馬尾女，很生氣地罵說：「我們姊妹倆又沒做什麼對不起你的事情，怎麼可能會想要害你，你竟然用法術趕我走！」大姊一旁的妹妹說：「此人無情就像木石一樣，世間愛情的離合皆有定數，我們何必為這件事傷神呢？」

說完後，兩位女性就消失在姜迪的眼前。長官告訴姜迪說：「百日內不要再來這家旅館了。」後姜迪因為生病提早退休回到家鄉，也從這兩女中脫身而逃。

作為偵探不會放過形塑故事的拐點

這則故事發生的契機就在當代人的日常生活裡，記載這故事的筆者洪邁本身是讀書人，他撰寫的《夷堅志》是宋代鬼、靈異紀錄以及神蹟等各種社會資料，大部分故事也都有明載出處。而這套書中所記載的故事讓我們重新去發現，原來宋人世界與鬼怪生活是交疊在一起的，也反映出宋代當時的社會樣貌及生活日常。

如果你還沒有猜出來，那麼我來說：第一，你應該先觀察時間、地點。時間總是在晚飯後，地點則是在郊外的旅店，旅人酒足飯飽後準備回到旅店的房間。沒錯，我要指出的就是家和工作地點以外的旅店，就是故事最常發生的地點。

第二，離家遠，就容易打破傳統道德的束縛。家就好比是「個人道德」的中心點，離家遠表示可以在無人監視的情況下，做自己本來不敢做的事情。這可以解釋為對「家」這個社會教化中心點的反抗。而酒足飯飽本身也就是個隱喻，俗語說「飽暖思淫慾」，過得舒服的生活以後，男女之間的「性課題」自然出現情慾流動。孔子說：「非禮勿言、非禮勿視。」直言有些事不合禮節，看到裝作沒看到，聽到當作沒聽到。讀古書可不能總是把古人都當作聖人來看，古人也是人，該有的人性古人通通都有，自古至今毫無例外。

第三，故事裡有個女生，半夜裡穿著古裝跑到男軍人房間，本身就有悖於我們的常識。「古裝」表示這女子可能不是今人，至少有三種可能：一是女子不存在，她的出現是某種能量的集合；二是女子存在，她可能有喜歡穿著古裝的變裝癖好；三是社會道德上的某些因素，這女子即便存在，卻也不能存在。換言之，她是一個不能讓別人知道的女子，一旦曝光就可能會出現道德上的困境。

無論如何，故事裡姜迪看到陌生的女性，縱使認為有悖於常識仍願意與她共度春宵。這部分不只反映出男性的情慾，反面來說，因為女性是陌生女性而非大家閨秀，在隱匿名字的情況下，孤男寡女共處一室，即便理性認為有千百個不妥當，黑夜降臨、理智線斷後，剩下的就是人的「情慾」。

更有意思的是，白晝升起以後的「性別顛倒」，由女子持戟護送姜迪回寨，顯然這位武裝的女性具有男性化特徵，身為男性又是軍人的姜迪竟還需要一介女子的保護。這也反映出宋代地方社會荒郊野外的危險性，即便是國家軍人對地方控制極高，卻也並非如我們所想像中了解當地。就像是僧人行腳踏遍大江南北，更可能的是屍橫遍野。

從故事裡我們可以見到，就姜迪同僚的視角來說，他們將姜迪身體微恙的狀態，連結到他與陌生女子的關係，還請姜迪的長官用宋代流行的天心正法流派設壇作法，斬斷這段露水姻緣。姜迪不過是整個大歷史下的人物，只是一段在旅館駐軍時與一位陌生女子的姻緣。姻緣本身並沒有好壞，只是對所謂「婚姻」的見解不同，而宋人對這種來路不明的姻緣多半持反對態度。

從女性視角來說，最感概的莫過於兩名女子對姜迪的愛慕，結局竟是以「害人」收場，叫女生們情何以堪。當然女子並不服氣，對於非媒妁之言的露水姻緣來說，年輕女子也說出了這個男性無情如木石。「木石」這譬喻很有趣，說明這段感情既是草木石頭，這場愛情遊戲注定是「郎無情，妹有意」，何必認真對待；同時，「木石」也可以表示一個人的信念。基督教中說信仰「堅若磐石」，若用堅定的意思來解釋，男子的心意已決，本非女子們哭哭啼啼可喚回的。最後，無論在千年前或是千年以後，保持距離都是讓情感淡掉最好方法。在愛情中沉溺的是男女，還是非男非女之間的情慾互動，總之交織而成的故事是相當耐人尋味。

究竟這段戀情是人還是鬼呢？我總認為人即鬼，鬼即是人，兩者形影不離，密不可分。鬼是人心意念創造出的魅影，是現實世界的縮影。紅樓夢中的大觀園也是，原本為木石的通靈寶玉，因為久經人世修煉過後便悉通人性，便下凡到俗世走過一朝，才有了這些如夢如幻的故事。

故事的起承轉合

讀故事，寫故事，說故事，指的都是不同的工作。「讀」的意思是必須要能夠記誦，能夠記誦了才能反覆在心中玩味；寫故事則是閱讀的反思，也是將自己覺得特別之處摻合著看，才發現其中不同的關連性，再用自己的觀念去解讀文本內容；最重要的是，「學」就要會用，就要會思考，去思索這跟日常生活到底有什麼關係。

佛教宋代禪宗說，道理要往乾大便裡面討。大便有什麼學問？可不只是找個茅坑一蹲，或在叢林野外讓屎好好的回歸自然那樣簡單而已。說故事，就是要讓聽眾聽到之後能感受到故事的起承轉合，讓聽者有所感處，並能夠從生活中獲得反思而起身行動，這對作者來說就是最好回饋。

慾火焚身人人無解，慾望的〈高氏影堂〉

在鄱陽區域的龍安寺，寺廟旁有祀奉高氏的小堂，曾經發生一段故事。祀奉在寺廟旁的香堂，大抵可以推測出這是未出嫁的姑娘或因病去世未經成年禮的「孤娘」。故事裡說「不知何時」所立，但是寺廟仍然差遣小童每日供奉香火。

紹熙三年，有安淨當值，平日對畫像欣賞入迷，起色慾之心，每晚禱告說：「如果孤娘有靈，希望孤娘不惜拜訪。」過好一陣子，某日黃昏遇到婦人身披白衣，站立在佛殿的角落，望著他。

問說：「你還記得我嗎？」這一問如果明白就把人問的心底發寒，佛寺裡出現陌生的女子，在清淨之地問這句話，豈不是引人遐想探究他的原因為何。但是男子終究記不起

來，反問女子是誰？

女子說：「不用問我是誰，我今天不小心迷路走到這裡，晚上還沒找到住宿。」便岔開話題，安靜說：「這事情不難辨，只怕住的地方不合妳意。」男女一問一答的對話，讓人開始想像兩個陌生人的見面究竟會發生什麼事情。

劇情的發展，也許有經驗的讀者也猜到故事的情節。最後，女子說自己不在意住在哪裡，就順理成章的突破男子心理的防線。而且熬不過陌生女子的勸說，這位守護廟門的男子便邀請女子進入房間。

寺廟中裡，男子將陌生女子帶到自己房間，就出現該如何分配床位的問題。此時空氣就開始凝結，女子躺在床上說：「我佔了你的床，那麼你自己要睡哪裡？」故事說，男子用了巧妙的回答，說：「不敢說。」這一句不敢說，直翻成現代白話，應該是「我不好意思說」或是「不好說」。

正在內心躊躇時，房間無燈，黑暗中誰也看不見誰。人與人之間在光明的地方，有些事情就不好說，但是黑暗就會帶來匿名的效果，褪去了白日的道德禮數，就跟男女之情常暗示說：「想要去黑一點的地方。」

故事說，「房內無燈」兩人便同寢，在五更天時（三點至五點），女子起床望向男子說：「明天我還會再來。」兩個人就反覆來往半個月。

陌生女子只是晚上出現，夜晚陪伴男子身邊，破曉便離去，也不想告知男子姓名。讓男子終於覺得好奇，因為都是在夜晚見到女子，也未曾瞥見女子是什麼模樣。有一日當差，晚上便放置一盞燈，目的是想要看清楚這個女子。

女子照常在晚上出現，問說：「怎麼會出現一盞燈？」只好說：「晚上正在書寫經文疏。」婦人離開後，在燈光下好好端詳她，才發現與寺廟旁高氏小堂的畫像幾乎一模一樣，男子問說：「你既然不肯告訴我鄉里、姓氏，莫非你是高氏小堂的婦人嗎？」

陌生的魚水之歡，最害怕的就是其中一方開始認真計較起，想要知道對方更多細節，獨佔對方的時間。這時候原本兩人「輕鬆」的關係，很容易就變得嚴肅起來。

面對男子的逼問，故事也出現轉折。女子說：「你何必這樣苦苦相逼，我本來就是個端潔清白的女子。如果你這樣，看來跟你是無緣了。」她話鋒一轉：「我只是聽到你一直禱告，才犯了戒律。既然你今天認得我，我們的緣分就到此吧。只是沒想到你那麼絕情。」

女子說完就消失了。面對千年前的故事，我們必須把握它的社會語境，情感是很難用規則去說，而人性的慾望是常態，特別是「性慾」是人性。人與鬼之間的差別在於鬼是在幽暗社會的密語，將社會見不得人，不符合禮義的事情以鬼去訴說。

女子在故事的最後強調自己本來是清白的女子，都在說「自我」並非情願踏入「慾場」，而是因為男子「淫語」禱告的誘導之下，不得以為之。更有趣的是，男子面對陌生女子求宿時，肯定有千萬法子可以想出其他辦法，可是男子卻無疑的將女子帶入自己的房間，孤男寡女共處一室自然就流露出無限慾望「約會想像」。

故事裡不問姓名、來歷，但求兩人有默契共處一室，好好的睡一晚。白天後，各自分道揚鑣扮演好自己陽世、陰間的角色，才是常道。所以，故事男主角的敗筆便是因為喜歡而過度在意女生的身分。

兩個人在夜晚關係的前提之下，「陌生化」才是保護兩人的作法，特別處在僻靜的寺廟裡。這些故事一旦「見光」，這些「鬼」故事變魂飛魄散，靈性與肉體關係就難以維持，藉此，我們看到在神聖的廟宇底下俗世的慾望仍然是很露骨，但也意外的看到一種既視感，原來這類的男女情愛早就是個潮流。

宋代女性情感的自由流動

臺灣的冥婚

如果有來生，即使在天涯也會窮盡洪荒之力，在茫茫的人海找到你。人間世的遺憾無數，這輩子還不完的、想不完的，就留到下輩子吧！

人因為活著的時候，無法好好相戀，所以冀望在另一個世界也能夠好在一起。陰陽兩隔，人鬼殊途，但是某些時候，人在世間遺留下怨恨或遺憾，這樣的「想望」讓他們在人世間徘徊，為求得人生圓滿，想再重新開始。

人鬼相戀的故事固然聽來既美好又驚悚。這類生人與亡者「合兩姓之好」，稱之為「冥

婚」。「冥婚」的故事流傳已久，翻閱史書各代都可以找到相關的案例。我們借用「他山之石」的經驗，再來看待宋代的特別意義。

臺灣民間信仰的習俗通常認為：冥婚是讓尚未成年以及尚未出嫁的女性，俗稱「孤娘」或「姑娘」，讓她們從鬼變成祖先得到香火祭祀。「求有所歸」是在父權社會的假定底下，能夠成為女人的場域是「家」，因此「歸」於「家」象徵女性生命歷程的圓滿。

通說多半認為冥婚是女性為求「有所歸」，「有所歸」包括能夠出嫁、組成家庭，為男性血脈的宗族傳嗣，成為他人的神祖牌位；另一方面「有所歸」，象徵著女性受期待依歸於男性，成為母親善盡母職的身份，這也是過往看待「女有所歸」的通論。

「求有所歸」似乎是中華文化女性成為女人的必要條件。最早從《詩經》：「桃之夭夭，灼灼其華，之子于歸，宜其室家。」歸的意思為「出嫁」。古代典籍就《易經・雜卦》討論到：「歸妹，女之終也。」婚嫁是女性生命的完成式。

《公羊傳》解釋也說：「婦人謂嫁曰歸。」這解釋在那個時代似乎是個通解，就連唐代注疏家孔穎達也採用這個解釋。

當然，理解古文也可以出現其他的解釋：另作一解「歸」當然可以有「返回」的意思，就如同死亡在古代就是魂氣回到它原本的地方。如果尋回「求有所歸」的出處，會發現後世討論人死後究竟有無來生的竟然是在政治場合，鄭子產說明鄭國人傳先君「伯有」陰魂不散的消息，藉此作為政治事件說：「鬼有所歸，乃不為厲。」此處「歸」為安心或是安撫的意思，但後世多取「依歸」的意思，作為鬼只要有所依歸，就不會作害。但細讀其出處前後文，鄭子產的用意是利用人心恐懼的心理，取得政治的優勢。因此，女性冥婚的需求若一致認為「求有所歸」顯然不夠精確。

甚至，《周禮》這本禮儀寶典也不同意冥婚的行為。《周禮．地官》認為「嫁殤」者是違反人倫的事情。「殤」的意思有可能是十九歲以下，但也可能是未成年或未經成年禮，而早夭的人。從邏輯反推，《周禮》出現這樣的限制，也表示「嫁殤」的行為應已經成為風俗的一種。

也許各位還記得，孔子對生命的態度是：「生，事之以禮；死，葬之以禮。」人生萬物無不符乎禮作為生活的實踐，「禮」用最簡單的意思來說，就是合乎人情世故。

根據〈臺灣進當代冥婚及其人鬼關係探論〉研究，臺灣本地仍有許多冥婚的紀錄以及故事，出現在新聞媒體。冥婚，動機最多的因素：還是源自於出現早夭或是未婚的女性，通常家人會將她的牌位安置在菜堂、姑娘廟或是功德積寺，接受香火祭祀。女方會透過託夢給家人或是男性，表達婚配之意。

另一種來自於男性帶有雙妻命，冥婚的原因可能是，為了躲避災禍而改、需要「大娘」（冥婚之女）協助養育「難養」的小孩，或是更直接的尋求女方嫁妝的資助，甚至有人利用「冥婚」締結人際關係網絡。

臺灣「冥婚」可歸類幾個模式：一是陌生亡女的請求，二是男女延續生前情緣，這兩者可說是「彌補心中遺憾」。三是尋求生活庇應，四是因應卜算所言的命數。

曾經在臺灣海山地區調查的人類學者曾認為，中國文化的女鬼是被父系家族排除在外的陌生家人，他們不能成為祖先而是成為鬼，而鬼是會作祟的，如果未能好好安撫鬼，他們會騷擾、作怪甚至於降災於親人。

這一點有些人可能會有點疑惑，為何「本是同根生」的女鬼會作怪？作為曾經是家族血緣一份子的女性，竟會成為作祟的鬼。若有這一點疑問，可能就要回到中國文化強調天人之間，天代表自然界，也表示冥冥之中萬物的精氣，在每個時代天的意含不像我們一般所認知那麼容易，天與人之間會透過聲音、徵兆等跡象，表現出它們的意志；同時，人的行為、德性，也會影響到天會不會好好照顧天底下的人，作為中國皇權的至高者皇帝，他是統治萬民的君主，他也是「奉天承運」的天子，代替人民與上天對話，所以，每逢有大水、旱災、蝗災等災異，都是天人相感的結果，所以每當遇到災異，至少漢代以來的皇帝，都會反思自己的行為是否與天意相符，也常用以之作為政治鬥爭的手段。

因此，對中國文化意義上而言，「天」的角色是兩極移動的，天會賜福，也會降罪。難怪《老子》認為，「天地不仁，以萬物為芻狗」。

自西元前二千年左右，商、周時期，人與祖先的連結相關密切，王本身就是巫師負責掌管政治與宗教，崇敬人、鬼、祖先，又特別是祖先，透過良好的祭祀與溝通，能夠得到祖先的保佑並指引未來；反之，祖先會降災厄，所以中國文化連祖先都會作祟，因此女鬼會作祟也如同會作怪的祖先一樣，在同一套的思想體系裡頭。

回到冥婚對於早夭未婚無法成為他人「祖先」的「女鬼」，至少在中國文化裡有兩大意含：一是他們不能享受到祭祀的香火；另一則意義是他們成為遊蕩在人間世的孤魂野鬼。因此冥婚主要的目的，是能夠得到祭祀，讓自己不再是孤魂。

臺灣冥婚的經典研究《臺灣民間信仰「孤娘」的奉祀——一個社會史的考察》認為：「冥婚的婚姻關係，可說祭祀的義務與責任。因此，就鬼新娘來說，實質的婚姻對她來說沒有意義，所以她不在乎對象的條件，更不在乎與人共侍一夫。」換言之，冥婚讓一位早夭未婚的女性，得到她在某個宗族的地位。

至於這份宗族的觀念究竟應該追溯到何處？我想，答案就在宋代中國社會出現很大的轉變，導致近代以來的中國文化乃至於臺灣民間信仰的原型都在宋代出現。習俗與文化並不能憑空出現，他們都是每一個時代潮流交互作用下出現的產物。

阮昌銳〈臺灣的冥婚與過房的原始意義及其社會功能〉論述冥婚的意義是建立在靈魂崇拜，讓鬼不要作祟，也讓自己得到護佑，同時鬼需要得到人的祭祀，這是互相依賴的原則。[1]

〈臺灣近當代冥婚及其人鬼關係探論〉更進一步濃縮，「冥婚」的認知是懼鬼與祭祀，冥婚不只是完成亡者的心願，更是在世親人對亡者的思念與補償，讓亡者「死有所歸」，彌補女性成為他人宗族的禮法意義，遠比實質婚姻來得重要。最後還是回歸到孔子說：「生，事之以禮；死，葬之以禮；祭之以禮。」合乎當代的人情世故。

來自宋代的故事

宋代的故事出現許多會作祟的女性，《夷堅志》〈安氏冤〉是段值得提出來的故事：

1 筆者將原文修改，讓句子比較符合現代語句。同時，這篇一九七二年的論文阮昌銳先生以「靈」稱乎冥婚的「鬼」，為行文一致性，此處將靈改為鬼。

在汴京首都住著一名安氏女，自從嫁給觀察使李維的兒子之後，因為被「祟」（附身）昏迷不醒，所以請一位道士來治鬼。

道士看了安氏後，說這是白馬大王廟中的小鬼。接著就用驅邪法結的咒印，將小鬼斬首。不久，安氏就甦醒了。

但是過了幾十天後，安氏又再度被鬼附身，李家只好又請道士來治鬼。這時，這隻鬼借安氏口，大怒的說：「之前的上一隻鬼，它的罪並沒有嚴重到處死，法師實在是太不寬恕了！」法師不理睬，不一會兒就拷問出，這一隻也同樣是廟鬼，便又再度被法師斬殺。

事情又過了一個半月後，安氏的病情，更加嚴重。

這次道士又來時，安氏身上的鬼說：「前面兩隻祟，都只是鬼罷了，法師你自然是殺得了它們。我則是正神，不是你能治得了我的。又加上法師你既然用嚴酷的刑法（極刑）傷害兩鬼。今日，我豈會害怕你法師嗎？我姑且要和你一較勝負。」這位道士想來自己法力鬥不過正神，只好偷偷地溜走。

鬼怪就在日常生活裡，嫁人的女生因為被鬼祟所以昏迷不醒，法師兩次都斷定是階級低的廟鬼鬧事，以法術斬殺二鬼。但是，事情並沒有結束，兩鬼的背後顯然是正神在撐腰，法師因為法力不足溜走了。面對病重的安氏女，她的家人所想到的方法不是求醫而是求法術高強的法師。

不久觀察使一家人似乎找到更厲害的法師。法師一進到安氏女房內，突然聽鬼透過安氏的身體說：「你（法師）不用治我，我告訴你，我與她（安氏）前世的糾葛冤情。我是蜀商，她是我前世妻子，趁著我外出做生意時，跟外人做些淫蕩的勾當；等到我回家後，又與情夫設計謀殺我。我的冤魂可是無處可棲，到處在人間遊蕩了二十五年，希望找到妻子報仇冤情。最近到白馬廟，才見到二鬼，告訴我，我所尋找的妻子就在這裡。今天我要索她的命賠我，索命後我自然會離開。法師你可以瞭解我的痛苦嗎？」

鬼這次見到法師就立即自報身家，顯然這位法師的實力不同以往。故事也出現轉折，原來鬼附身在女子身上是為求報復，並已經在人世間作二十五年遊魂。法師聽完後，曉以大義「冤冤相報何時了」，請李觀察使家做「善緣」供奉你。這段話說完，安氏下床，變了蜀地的口音感謝法師。李觀察使便取二十萬錢，在天慶觀（宋代總管全國廟宇的首都廟宇，供奉三清道祖）設九幽醮，「燃燈破暗，解救亡魂。」[2]鬼又借安氏身體，再向法師拜謝，而後，安氏便突然甦醒了。李家便帶著全家吃素，將選在某一天作醮。

在作醮的前一晚，安氏又像之前一樣病了。李觀察使大怒，自外頭指著安氏房責罵那鬼，「怎麼到臨前一刻又再反悔」。

這時，附身在安氏上的鬼，向李公拱手作禮後，說：「各位盡力為在下所做的事，冥塗（指「我」）豈不知道感恩？只是明日作醮時，記得說這份功德是要給某州某人，安氏生前叫什麼名字。前些日子，忘了稟告告位，今天如我不說的話，那麼這些功德就白費了。」李公聽後大驚，覺得頗為神異的，便請道士全部按照著那蜀鬼所說得做。之後，蜀鬼又說：「我還有一位弟弟，也一起來了，希望您能夠一起供奉我們，讓我們一起往生超度。」李公接受他的要求。安氏女便甦醒了。

故事告訴我們說，不只法師與鬼的法力皆有等級之分，比較高級的鬼，可能因為佔有香火或經由修行，獲得似於「正神」的能力。最後我們看到鬼終究是希望能有歸屬，透過修齋、作醮讓他們得以升天。我們也注意到一個細節，在修齋其間，鬼提醒指名把功德做自己，因此提醒李公必須要「唱名」清楚。

回到臺灣的民間習俗，祭祀、作法會、燒紙錢等這些事情，至今還是繼續執行著，這意味的說臺灣做為移民社會的特性，帶有非常多元的文化元素。

另外一則故事〈畢令女〉。縣令畢造的二女兒，也是為鬼所禍，家人延請道人法師治鬼，可是道行不夠深厚來者皆被鬼反殺，鞭數十，驅之別院。

縣令聽到有名的法師路時中，請法師治鬼，時中到舟船上，縣令次女起身穿衣，立於旁說出自己的身世。原來鬼是畢造的大女兒，附身在二女兒身上，見到善辦理鬼公案，便告狀說出「平生抑鬱度不得吐」的冤情。

就像前述的故事一樣，鬼有冤屈也會四處尋覓，希望有人協助主持公道。她說：「同

2 九幽，意指九個方位，主要是透過符籙儀式，以三天之力請命於天，對於那些過去作惡在地府的亡魂，透過神力的赦宥，破除地獄的枷鎖，得以升天。特別重視懺悔的儀式。

父異母的次女，仗著母親鍾愛，在每件事情都欺負她。過去，曾經有人來議婚眼看就快圓滿，只需取一雙金釵，因為次女的緣故堅持不給，最後讓這場婚姻也沒了，我心頭氣不過便死了。」

大女死後，冥司以陽壽未盡，無法收留，魂魄飄搖無所歸。剛好遇到九天玄女出遊，可憐我枉死教我祕法。就在法術即將完成的時候，又為次女壞事。這是我身為大姐的不幸，生死都是因為次女所困。今天我一定要帶她一起走，償還我的冤屈，以謝九天玄女。大女告訴法師說，她只是報冤期盼法師不要阻攔。最後法師也認為其詞有理，說這件事情「法不可治」。隔日，次女亡，法師來弔喪時，認為其中必然有曲折，希望縣令不要隱瞞，否則以他的法術也「洞知其本末」。

畢令回想起過去是有件怪事，我認為應該就是此事。大女死後，葬在京城外的僧寺，寒食祭拜時，舉家前往。在僧寺側室之旁有士人居住在旁邊，已經出門關起門戶。家人某天好奇，闖進房一探，次女看到桌上的銅鏡大呼：「這是大姐靈柩中的物品，怎麼會在這裡。一定是他偷的。」當時畢令認為京城賣銅鏡者勝多，但次女堅持這個銅鏡是士人盜墓，直接綁了士人。

這件事情士人說明來由，半年前晚上讀書，女子扣戶說，自己不容婆婆，所以想要歸家。可是離城市仍遠，找不到地方住宿，希望住宿一晚。看著女子哭著真切，遂同意女子住宿一晚，士人也許單身久了兩人當晚遂通情意。後來，每晚女子都會出現，有時也會在白日過來我這裡。一日，正要臨水刮鬍子，女子說她有一個銅鏡，就送給我。

女子到我這後，常會幫我補衣服，卻也不肯說她是誰家女子。只說明日我家親人聚會，她須「相周旋」，所以就不會到士人的住所，約在後天晚上就離去。早上無事到野外散步，不久你們就跑到了我的住所。

家人聽到這故事都覺得悲泣，只有次女不相信士人所說話，要發棺驗證。遂到葬大女的地方，旁邊有裂縫可容一手，扒開磚頭看見棺木大釘皆拔起數寸，掀起蓋子，大女的身體疊足正坐，手邊正縫男子的頭巾。

不只如此，「自腰以下，肉皆心聲，膚理溫軟，要以上猶是枯脂。」突然次女心悔恨，把土掩埋完後把士人放了。從那之後，已經三年多了。所謂九天玄女之說，應該是道家回骸起死的故事，必須要與人久處，一旦事跡敗露，法術就失靈。因此，大女受次女「殺害」兩次，應該就是這個。

《夷堅志》故事就到這裡結束，但是我們更關注在士人的露水姻緣。住在寺廟旁的讀書人，夜半陌生女子敲門請求留宿，士人一點懷疑都沒有。這樣「易得的性行為」反映的是：不只是男子需要對性的衝動，而是女子對性也有需求。

因為九天玄女的祕法，從故事的脈絡來看就是男女之間的性行為。女子未嫁而殤稱為「在室女」，也就是臺灣社會所說的「姑娘」或是「孤娘」。縣令的大女與士人的相處模式就像是夫妻，大女說自己最大的願望就是婚姻，生前唯一一場婚姻就因為次女作梗不願意給一雙金釵而作罷。

另外，大女抱著復生的願望時，又是次女的衝動讓她最後功虧一簣。所以，必定要索命來償還這次的冤恨。

武雅士在臺灣溪南地區田野調查也得出類似的結論。未出嫁女子是鬼，會被視為是陌生人。他的田野對象，因為多半是漢人移民到泰雅族的自然領域，他們可能多半是同宗的家族，會聚集在一起守護自身的生命財產。因此，如前述不屬於祖先的香火，它就會有危害的陌生人。

顯然的，〈畢令女〉的故事，是死非其所茫茫無所歸的姑婆（孤娘），家人將她安置在寺廟旁的側室，跟我們本書故事所說的〈高氏影堂〉類似。

人類學家在臺灣的觀察，都會提到孤娘會到家裡討香火。對家族來說，沒有處理好「孤娘」的問題，孤娘會作祟。因為，死去的人過得不舒服，祖先同屬於一氣，氣不通便對應到現世的家人。就像有人說，家族之間的陰陽失調會禍害到家人，要微調讓陰陽回歸平衡。

受忽略的女性身體

宋代有關露水姻緣的故事在筆記小說裡比例很高，很多人都會提到一個現象是宋人是有意識的流傳這類的故事，可能是要告誡士人必須留意「易得的性關係」。但這樣想法的前提，仍然說著紅顏是禍水的意象。

兩宋之間的轉變，南宋特別重視家族的延續。士人在旅行、讀書的路上，有可能會因為這類露水姻緣或是陌生的性關係，失去家族的榮耀。宋代筆記故事裡，接受短暫的浪漫性關係通常沒有什麼好的結果，甚至會搭上自己的性命。

可是反過來想，為什麼宋人筆記常出現許多女性夜半拜訪書生的房間，每個人的「藉口」都是離家路途甚遠來不及回家，或是剛好被家人趕出來的女性，在危險的黑夜需要受到保護。

有些人可能會認為這些是男性視角下的產物，不過光線照射的一面，也會映射出另外一道光譜。女性對性的期待，這些「藉口」只是合理化自己待在男子處所，也是一種表達，希望男子能夠看對時機下手。與其說是男子得利，不如說這是男女短暫浪漫關係的譬喻。

所以，我們在筆記裡總是看到男子對女子調情的過程。類似的話像是「乘罪挑之，欣然相就」、「挑以微詞，殊無羞拒意」、「能過我啜茶否」、「過士旅館，指示之，女約就彼從容，遂與之狎」或說「我不愛孤眠，汝有意否」、「乘夜竊出，欲陪耳寢」。

有些人總會覺得古代女性受到三從四德約束，對於性生活特別保守。我想人是活在群體裡的動物，既然身在群體之中就必須在意他人對自己的眼光。所以在世面上的表述，必須符合那個時代的「儒家」所提倡的標準。私底下，我們回歸到歷史的放大鏡底下是人活在時代裡，「欲望」不分男女，只是我們只能在男性的書寫裡看到女性。我們抽絲剝繭裡頭的故事，女性的欲望是隱性象徵。

女鬼故事不只是說求香火、報復等等，而是希望獲得身體的慾望流動，用很隱晦「鬼」的意象，男女將未婚的性行為合理化。正因為與女鬼有關係，最後男性都可以利用宗教、法術斬斷桃花。

最後以舉〈鄂州南市女〉的例子，有位富人之女喜歡上茶店白皙的店小二。每次座轎經過，都會從簾內偷偷看他，甚至會幻想跟他發生關係，最後因此而生病了。但是男子不齒主動女性，甚至嚴詞拒絕她。這個例子就露骨寫出女性的慾望，可能也打破我們對千年前古代女性的想像。

宋人的土地神形象

土地神的職責

土地信仰可能遠自於早期對「社」，自然大地的信仰，也可能代表某個地域的土地崇拜。早期文獻《春秋公羊解詁》說：「社神者，土地之主也。」《通俗篇》則載：「今凡社神，俱呼土地。」可以說，掌管地方區域社神者即是土地神。

生活在土地上的斯土斯民，在土地之上人與人之間的交際應酬自然屬於人事，但天災人禍，遭遇不幸的瘟疫、病痛、各式疑難雜症，我們難免會向神靈祈求庇祐。

宋人所見的土地神的職責，可由〈宋代的土地神信仰與官方基層控制〉這篇文章略見

端倪，土地的宗教職責可分為四種：

第一個職責是掌管花草樹木成長。《增補武林舊事》曾說：「神有百職，職各不同，典司草木，土祇是供。」

第二個職責是掌管地方風水。從宋人文集《景文集》〈風震祭土地祭文〉：「六月丙申暴風、震雷、拔大木，並損屋廬，刺史與邦人葦然不敢寧，永惟怪祥發，所治之地必有以感之。」祭土地文可表示宋人認為發生災異與土地有關，因此，可推之土地神他可以影響一定的風水與安寧。

第三個職責是地方善惡的監察人。《西塘集》〈賽謝明化寺土地文〉：「上天后土之所以使神分此而居，以伺察善惡者，亦謂其惟聰明正直而不妄者是與也。」這一則資料與我們現代所認為的土地神極為相似，故每逢居家遷徙，務必稟告當地土地神，凡事無大小皆為土地所掌。

第四個職責是治療疾病，祈福祐。《客亭類稿》內有作者遭貶官到嶺南時，生病時撰寫祝文，祈求土地能夠治療他身上的疾病，以及北返當官，所以從宋代士人的文字論述，治療疾病、給予福祐也許不是土地一般的職責，但宋人認為土地可能有這樣的功能。

上述源自於宋人文集收錄的相關祭文，讓我們相當程度的理解，對宋人來說土地神的職責所在。

但土地神的形象從筆記小說，祂的面貌就更加多元。明代《西遊記》土地神的形象，幾乎是地方小官吏的形象，受齊天大聖孫悟空呼來喚去。而時空變化到宋代可能就有不同的樣貌出現。

吃葷的土地神

《夷堅志．乙志》〈秀州司錄廳〉洪邁就記載自己家裡鬧鬼的故事，恰好與土地神有關係。他的父親洪浩當時正在秀州擔任司錄參軍。當時秀州廳常鬧鬼，就連洪邁九歲的哥哥也自稱見鬼。而後一天跟在洪邁父親身旁的妾，遭鬼附身。洪邁的父親不急不徐用官服關起附身的鬼魅，並且開始質問鬼他是從哪裡來。這隻鬼魅說自己與旁邊一位都是水鬼，他們是三年前大水患時，來不及接受官方賑濟而死的鬼，前日大兒子看到的便是水鬼，他們是兩戶九口之家。

當下洪浩不解，因為他侍奉了許多神祈，卻無保護作用。他說：「吾事真武甚靈．又有佛像及土地、竈神之屬。」

這隻被洪浩抓住的鬼說了，說：「佛是善神，不管閑事。真聖每夜被髮杖劍，飛行屋上，我謹避之耳。宅後土地，不甚振職。唯宅前小廟，每見輒戒責，適入廚中，司命問何處去？答曰：閑行。叱曰：不得作過。曰：不敢，遂得至此。」

這故事反映著中國行政官僚的形象，佛是善神所以就像行政長官說的是願景，這些不管日常瑣事，真武神在高高的天上巡邏就像是高級官僚，自然管得事比較大事，小事不歸屬於他的職責，鬼只要躲著他就可以。鬼趁機告了土地神一狀說宅後的土地公並未好好工作，只有宅前的司命竈神，會狠狠訓誡他們。

不只如此，鬼說出原來出入洪浩家中的鬼，還有石精，與居住在這裡很久的秦二娘。

洪浩一時錯愕怒請鬼去質問土地：「每月都貢獻紙錢給土地神，為什麼未能盡職守反而容納外鬼？」並揚言說要搗毀土地祠。

鬼答：「官豈不曉，雖有錢用，奈腹中飢餒何？我入人家有所得，必分以遺之，故相容至今默默。」由此看來，餓肚子的神鬼，欲望沒得到適當的滿足，善惡之間難有定數。

鬼反問身為官員的洪浩，官員竟然不曉得縱使給土地神紙錢，土地神仍然挨餓，所以鬼每次進入家門後必定「賄賂」土地神食物，所以至今才能相安無事。中國官場掌管官員日常生活的小吏，是最容易「行賄」的人，特別是他負責掌管特別的經費、文書或是晉見大官員的機會。不只人可以行賄，就連神鬼都能行賄，詳可見本書科舉夢的敘述。

洪邁家中親身經歷的故事，揭示不是「有錢能使鬼推磨」，而是祀鬼神供奉錢不如在上給予豐盛的牲品。

最後，鬼問完土地神，即回來答覆洪浩為什麼土地神需要「收賄」，鬼說冥間所希望的供養不過是「好酒肥鵝」，無奈洪浩家都提供瘦雞給土地神，所以吃不飽的土地神，只好用另外的法子溫飽肚子。

這裡很特別的，近代有人認為土地神吃素等想法，可能與宋人的思想不同。至少從宋人這則故事的說法，祭祀土地神時以「好酒肥鵝」葷食祭祀，可以確保土地神酒飽飯足發揮職責，看守家園。

土地神蓄妓

第二則故事土地神的形象，不若俗世的想像土地神和藹慈祥，故事中土地神會「蓄妓」，浸淫於美色聲樂之中。

故事見於《睽車志》卷二，地點又是發生在官員的家宅，隴州縣令一日夜晚宅內，妻子突然見到數名女子在庭院下，向縣令夫人投訴說：「我等為土地祠的樂妓，希望為我們誦《法華經》讓我們得以往生。」縣令知道這件事後，請僧誦《法華經》迴向給他們。當日，妻子又見到幾名樂妓來致謝後離去，這樣的請求誦經的情形發生很多次。有日夜裡，忽見一鬼物面目猙獰，怒叱說：「土地神謝君，妓女無幾，即皆令往生，吾且乏使，當移禍君家。」土地神勃然大怒顯然縣令妨礙到土地神的生計，並且誓言禍害縣令，最後再也沒有樂妓的鬼來訪。

這則例子我們見到土地神會拘禁（管理）地方女性孤魂，據推測這些女性可能是孤魂或是在室女，未能受到家祭的香火庇護，而落入土地神手中，收為樂妓。然而，孤魂託人念誦《法華經》憑藉其佛教經典的力量，超脫受到土地祠箝制的孤魂，略見出宋代佛教對亡者的救贖觀念已流傳到民間融入民間信仰，若以商品經濟的概念來說，這顯示道教與佛教之間的競爭早已出現。

不只如此同樣在《睽車志》有一對恩愛的夫妻，因過神祠時對土地神不敬，戲語丈夫的面貌勝過神祇。當晚，便夢神遣數鬼抓住臉龐報復讓他變臉，驚醒後妻子早已被自己恐怖的臉龐嚇死。這兩則土地神的故事，令人驚恐的是土地神對地區具有極大的掌管權力，甚至不只是俗稱有能力賜福，而是有能力降禍於人，又有力量囚禁孤魂到自己祠廟之中，相當於地方勢力。

作祟的土地

另一則故事在《夷堅志》〈徐侍制〉，因為土地祠曾經受過士人先祖先遷移過，因而得罪土地神，所以將士人祖先留在土窖裡銀錢化作灰。地方巫祝藉著通神的方式知道這件事，並告知士人解救的方法，說：「具牲酒謝過，且設醮作水陸當可得。然須吾先往講解之，許施銀為香爐及及帀帛之屬。」顯然的「設醮作水陸」向神明誠心拜懺，佛教徒的作法對宋人通神的巫者來說似乎是再日常也不過，巫祝也趁機哄抬自己能夠與神明溝通，充當中間人的角色。換言之，設醮作法自然是儀式，但是人神之間的對話更是重點，「有問題」還是需要中介者與神祇協調後，再設醮做水陸，才能讓儀式發揮作用。這類的程序就好比是人類與神鬼用《易經》來說，因為陰陽失調之間，所以造成人神之間彼此對立，藉由宗教的儀式性，讓人與鬼神能夠互相得利，獲得交換，讓原本不平衡的陰陽回歸平衡。

《夷堅志》〈竇氏妾父〉中出現假冒鬼，希望能求作佛事與祭拜。故事大抵如下：士大夫竇公邁在靖康時期買了從北方來的妾，一日受到鬼附身突然倒地，自言是妾的父親死於戰亂，想要投靠女兒求饗。竇公許諾：「作佛事．且具食祭汝。」兩年後，妾的父親出現，竇公才知道自己被黠鬼所騙。這故事除了鬼希望有所歸，受佛事、祭拜外，有個重要的關鍵是：鬼曾經說自己在門外有幾些年，一直進不了家門，直到土地神可憐他讓他進入家中附身。鬼能夠得逞進入家門，就像洪邁父親在秀州廳時，也是土地神放行，鬼才能通行。換句話說，土地神作為內外區域、界線管理者的角色十分強烈，但也許因為在民間信仰官職卑小，常被認為是地方官吏杯水車薪的投射，因此在天高皇帝遠的帝國腳下，土地神往往可以接受賄賂。

土地神耳目遍及地方

試再舉一例，《夷堅志》〈秦奴花精〉故事：

劉綍，字穆仲，予外姑之弟也。少年時，從道士學法籙，後隨外舅守姑蘇。與家人俱游靈巖寺。夜宿僧舍，遙聞山中呼劉二官人，久之聲漸近。舍中人亦睡覺，綍問曰：「聞此聲否。」皆笑曰：「蒙天心正法力，宜如是。」明日，綍爲牒責土地神曰：「吾至誠行法，未嘗有破戒犯禁事，山鬼安得輒侮我？」

大意是：劉綍以前曾經跟道士學過符籙之術，某日夜宿僧舍，聽到有人呼喊自己的名字。因學過天心派正法便撰寫度牒責問土地神說：「吾至誠行法，未嘗有破戒犯禁事，山鬼安得輒侮。」

顯然是責怪土地神未盡地區守護神的責任，又為土地神看守地區的例子。當晚，土地神告訴劉綍已經訓誡身邊吏員調查，是花精所為不是鬼，這故事後續發展就並非重點。但顯然土地神是地區的守護神，以及身邊有從吏當作耳目遍布四方，能夠協助他搜尋地方的大小事情。

另有，有趣的一例《夷堅志》〈天寧行者〉：邵武光澤縣天寧寺是停放很多來自地方的棺材，有修行人六、七人，前後紛紛得到癡疾，最後積勞衰弱而死。唯存一人，本來亦是大病，原本沒希望可以恢復，不久卻恢復。後說了一個故事，他每次都會受到一位女子誘惑到一間密室，地方非常幽靜，床褥明亮豪華，在隱蔽的地方與女子發生性關係後，約定為夫婦，女子穿的衣物都是自己手製的，在那裡往返一年。直到一日，土地神出現憤怒的說：

> 合寺行者，皆爲汝輩所殺，豈不留一人，給伽藍掃灑事，自今無得復呼之。

這故事最後結局其實出現「冥婚」的影子，但這裡我們看到土地神縱使有時可放鬼物出入家門，縱使是佛寺也無可倖免。但若是鬼超乎一定界線，土地神亦是有底限的盡其職責，擔任地方巡守的角色，讓女鬼「女拜而謝罪．流涕告辭．自此遂絕」。

此外，若從巡守地方警察的角色來看，土地神也扮演押送犯人的監司。《大平廣記》

〈巫師舒禮〉：「丘縣有巫師舒禮，晉永昌元年病死，土地神將送詣太（泰）山，俗常謂巫師為道人，初過冥司福舍前。土地神問門吏，此云何所，門吏曰。道人舍也。土地神曰：舒禮即道人，便以相付。」

多面相的土地神祇

究竟要如何看待宋代多面向的土地神，美國學者艾朗諾〈《夷堅志》中不公正的蒼天和軟弱的神仙〉認為有兩點很重要是：《夷堅志》展現一是神靈的欺騙性和不正義，二是神靈如同人性般也擁有人性的弱點。我很認同他說：

人們對神靈庇佑熱切渴望的同時，也對神的任性和無常有著深深的惶恐。又或者說他們是人們想像或欲望深處罪惡的化身。換句話說，這是對聖潔的神靈終將變成魔鬼的恐懼。這個恐懼自人類誕生以來就一直存在，揮之不去。

人與神鬼的關係模式，就像人類一樣的複雜，一切都基於人類欲望念想而起。無怪《袁氏氏範》在諸篇不斷告誡子弟，對付「欲望」要有節制，否則就算是僧室的僧人犯罪、淫慾等問題也層出不窮，對宋人佛家來說，「煩惱即是菩提」，故在日常生活中的如何應對，「平常心即是道」更是佛教禪宗的要旨。

韓明士在《道與庶道》提出宋代民間信仰的兩種模式：一是模仿官僚科層組織的權威模式；另一則是個人模式，神靈透過獨自特異的神力取得信眾信仰的主從關係，兩種模式互相互補，在不同案例大致可分為這兩者模式。艾朗諾則認為還可以加上正義與邪惡兩極的座標軸，在座標軸中介的是干擾、惡作劇、戲弄、蒙騙的人神關係，這關係不只是人鬼而包含草木精魅等超自然的關係。

若從這樣的關係來看，土地神的面貌無關道德正義，邪惡之間變動游移，這也正是筆者要表述的。無論是人神或是人鬼關係，都是人情關係動力多樣性的流動，這些鬼魅精怪未必有學者論述有明顯的界線，他們的存在反而是模糊的。

宋人在日常生活的型態中，至少我們見到土地掌握一方土地外，土地之上的人、物、自然界，以及人類的送往迎來都與土地相關。特別土地作為「境」，一個場域的守護神，他需要人類的祭祀，但是他也有人性的弱點，養妓自娛，他的表現就如同許多宋代的士紳家庭蓄妓。當然身為土地，他也必須與鬼互通鼻息，藉此得到「收賄」的供品，以及維持地方人鬼的平衡角色。

宋代的殺人祭鬼

《大方廣佛華嚴經．觀自在菩薩章》：

或遭鬼魅諸毒害，身心狂亂無所知，若能至心稱我名，彼皆銷滅無諸患。或被毒龍諸鬼眾，一切恐怖奪其心，若能至誠稱我名，乃至夢中皆不見。

追求「靈力」的世界

中國古代君王便有「血食」的傳統，「血食」的意思就是利用牲品（牛、豬、羊、狗）祭祀天地，歷經千年之後的宋朝，經濟繁榮，擁有世界最多的人口，宗教上更加的豐富，

許多的宗教以及文化思想直至今日還存在我們的日常生活裡。

「血食」祭天的習慣，期盼在天與人之間，能夠由祭祀獲得相當的好處，同時祭祀也代表繼承團體的使命，成為現世的君主。其中，這也包含許多宗教的象徵，透過儀式讓自己轉換成「新的地位」。

歷朝歷代的皇帝，舉凡開國都牽涉到許多宗教儀式，宋代的開國皇帝趙匡胤故事中就有許多佛教的影子，趙匡胤「陳橋兵變」只是個幌子，重要的是他獲得民間宗教勢力的支持得到天下。

宗教與日常生活如影隨形，就像伊利亞德《聖與俗》這本書的觀念，他認為每個人都是活在宗教的世界，人人都是「宗教人」。

順著他的觀念啟發，宋代有個現象非常可以探討：宋代社會所出現的「殺人祭鬼」究竟是什麼？

這四個字就足以讓人繼續向下追問？殺的是什麼人？會祭祀什麼樣的鬼神？

從《宋大詔令集》有一條〈嶺南長吏多方化導婚姻喪葬衣服制度殺人以祭鬼等詔〉資

料[3]，記載「殺人祭鬼」時，多與百姓「疾病不求醫藥」有關，人們為求鬼神靈驗之力痊癒，祈求福運亨通，就連「邪神」也成為膜拜的對象。

祀奉「邪神」的人，會以小兒、奴隸、旅人等人牲祭祀鬼，即使是有血緣關係的親人也不放過。

《宋會要輯稿》記載：四川一帶有對向氏兄弟，他們是職業殺手，負責收取富人錢財，殺人祭祀以祭鬼。條文中詳細寫他們怎麼獵殺人類，在文字敘述裡人類就成為受豢養的動物，成為祭祀的供品。敘述寫說：向氏兄弟負責擄人而且多是女性，他們割取人類的耳朵、鼻子、折斷其四肢關節，以慘忍的酷刑支解人體。這件事後來受鄉人舉發，他們受到朝廷通緝，「犯者論死，舉發人可獲得犯人家財，官吏知情不報者，加罰。」至於最後有沒有抓到這兩名犯人，官方沒有太詳細的記載。

文獻中，屢見朝廷對殺人祭鬼的禁令。如「禁峽州（今宜昌）民殺人祭鬼」、「禁荊南界殺祭稜騰神」，對於這類支解人身體的犯罪，已犯下唐代十惡不赦的「不道罪」，「不道罪」意思是用極為殘忍的方式支解他人或使用巫術、詛咒殺人。

特別是「巫術」一向都是政治的紅線，能夠掌握陰陽預知未來的人，對於朝廷來說都是極大的威脅。歷代動亂、朝代更替都必有「異象」，而巫術的力量最可怕的就是謠言，謠言能夠散布恐懼。

現代資訊發達的時代，一則「假消息」都能造成人心惶惶，對千年前的帝國更是可怕，畢竟人是依靠八卦、流言蜚語為生，靠著「捕風抓影」的謠言，便足以動搖國本。更無法讓國家放置一旁的是，即是牽涉到支解他人身體的殺人祭鬼。在儒家的身體觀裡「身體髮膚受之父母」，毀壞人身是大逆不道的罪名。所以，朝廷律法以最重的死罪判決犯案者——凌遲。

考究宋人為何要殺人祭鬼，這答案因素卻令人毛骨悚然，對現代人肯定又難以理解。這類現象一種可能是和古代祭祀「社」的遺留有關，利用鮮血祭祀土地，祈求土地恢復地

3 嶺南大約是今天的廣東、廣西與海南一地。

力，這樣的信仰在世界各地皆有類似的地母信仰，有人稱為大地母神信仰。另一種解釋是：人們想尋求「靈力」協助，得到意外之財，求取不勞而獲的財產；又希望自己經商順利，或是轉變家族命運，因此進行這項恐怖的邪神儀式。曾經有學者認為這是南北文化的「偏見」導致，利用移民社會來詮釋南宋殺人祭鬼頻仍的現象：南方的在地人是看見北方移民耕作技術更好，產量更高，因此認為北人一定是使用某種禁術。不只是如此，殺人祭鬼儀式通常是集體行為，不是一個人獨力完成，而是一整個鄉里都加入這場「人牲」祭祀之戲。[4]

古代中國商朝便有人牲祭祀的例子，不過至十世紀宋帝國時，北方人牲的事例已經很少，但史料上記載的條目，大多都將是視角轉向南方的「尚鬼」荊俗。換言之，如上述從北方的視角來看，至少從菁英的文字裡，我們看到南方被描述成「不文明」的流俗。

官方記載中「殺人祭鬼」

官方記載「流俗」的地區多半在四川、荊湖、廣南、江淮一帶。有時「殺人祭鬼」並沒有真的發生，只是捕風捉影誣告自己不喜歡的朋友、鄰居，就像是西方世界的獵殺女巫

---

4 鬼怪向來存在人們的心裡，他們從來沒有離開過人間世，因為正是人創造鬼怪的世界，同時也是鬼怪反身性的影響人類的生活。鬼有特異的能力，他們據說能夠感知人世間將要發生的故事，這等「靈驗」成為人類內心趨利避害的出口，我們在故事裡常見有「靈驗力量」的鬼，人們信仰「靈驗」的鬼，對於能夠「靈驗」的神鬼給予各式的祭品，希望換取現實生活上的利益。另外，即使人鬼殊途，在古人的故事裡人鬼的戀情，不禁讓人覺得天下倘若有情，有跨越不過的陰陽距離。因此，我們道聽途說的各種「左道」的消息，都說明著人鬼關係之間有趣的變數，例如：相戀、復仇、人性、作祟，宗教競爭等各種與異世界交流的方式。再次強調本書故事，多半來自於筆記小說，我們認為人與人之間的閒談扉語是很重要的，就算是「旁門左道」的消息，這些訊息是我們回溯古人他們建立思想的重要史料，因為語言建構我們一切的思想，凡是用語言、說話表達出來的句子，它在現實生活就相當於是真的。正因為我們「相信」（believe）與賦予信念（belief），至少在宗教上就具有強烈的神話與儀式感。《夷堅志》是宋代讀書人之間流傳的故事，每則故事作者都會記載他是從何處聽到的消息，這消息其實也反應作者在他人際關係上的網絡，也強化故事的真實性。

風潮。最大的原因是：政府對這件事情的熱度很高，所以地方官為求政績、破案，往往就容易造成屈打成招的冤錯假獄。甚至有些研究指出：有關「殺人祭鬼」的案件，地方官選擇是「視之不見」——不想管。《宋會要》以國家的高度再提高殺人祭鬼的禁令：「吏敢匿而不聞者加其罰。」這反映的是：官員包庇殺人祭鬼的事情是件普遍的事情。

因為「人牲」祭祀被認為是種很強的妖靈邪術，作為官員的身分理應嚴正禁止這類事情的發生，可是若作為個人身分官員也是人，同樣會害怕受邪術所牽連。從宋代的筆記小說，我們可以發現所謂「菁英」縱然讀的是儒家的經典，反對不合理的淫祀，可是卻也相信鬼怪、風水、卜算、奇人異事，確實存在這個世界上。因此，官員的形象代表肯定不只是中央朝廷，他也必須顧及自己的身家性命安全。《夷堅志》〈化州妖凶巫〉就有官員與巫師對抗，巫師作法收其「生魂」，讓地方官審案時頭痛欲裂，顯示巫師是有能力影響人的身體安危。

殺人祭鬼有很多別名，可說成人牲、採生（牲）、以人祭鬼、祭社等，許多南方人就特別喜歡以「小兒」祀奉淫祀。當一地的宗教信仰被認為是「淫祀」時，就代表這間廟未經過政府同意，一間廟宇經過政府合法認證後，最重要的就是政府的「賜額」，以顯示國家凌駕於宗教之上，是宗教的管理者。對地方各路的帥臣、監司來說，中央規定若一任糾查出七件以上採牲案子，便給予獎賞，若未能主動糾察，則會以失察懲罰。

我想若是管理南方的官員，肯定會十分的頭痛。因為「採牲」是地方社會祕密結社的儀式，若各路官員力量不及民間，縱然發現姦情也為時已晚。

《宋會要輯稿》載：某位官員在吳興審案時，才發現囚犯一年之內已經在境內殺四十九人，當地信奉「殺人而死」可成為神，轉而庇佑子孫，因此，更可以證明這類行為鄉里之間即使相知，也會協助隱藏事實。權知地方的縣官為求自身的安全或許隱匿不報才真正是常態。

因應殺人祭鬼風俗，地區出現販賣生口的人口販子，在邊界地帶拐賣、誘騙良民，到南方溪洞一代蠻人的洞穴，每賣一名價值生金五兩、七兩，無怪乎俗語說賺錢的買賣都有人做。官方也記載，宋人產子之後，因為貧困導致棄養孩子稱為「不舉子」，有些孩子就會賣給商人轉賣作為祭祀用品。

史料中對殺人祭鬼最細緻的描述，莫過於《大元聖政國朝典章》（簡稱「元典章」）記載的資料，時雖已是忽必烈（一二九二）治理中國建立大元帝國時，但仍可以藉此知道宋帝國殺人祭鬼的風俗。

《元典章》〈禁採牲祭鬼〉敘述南方信仰雲霄五岳神，每日禱告便能實現願望。有三人帶著酒、五色紙錢，到彩繪的雲霄五岳神面前祈求採牲的心願。後他們捉了一個卓羅兒，他們用麻繩捆綁住雙手雙腳，從後腦杓以鈍器打死。「次用尖刀，破開肚皮，取出心肝脾肺，腕出左右眼睛」，用斧頭砍下「兩手十指，兩腳十指，再以紙錢、酒物」作為供品祭神。

這則來自元代口說的記載，就將殺人的過程寫得淋漓盡致，讓人連結到現代的分屍案。這事情當然就引起元帝國緊張，在牆壁上的彩繪神像圖案，竟然能夠引發人的「不理性」行為，因此趕緊派遣地方小吏將整面牆壁「粉飾太平」，同時禁止當地畫師彩繪邪神的圖像。

筆記小說「殺人祭鬼」的意象

筆記小說「殺人祭鬼」紀錄比較多，甚至有些是士人文集的紀錄。這裡多採《夷堅志》裡的相關記載。

有本《墨客揮塵》是宋人彭乘的筆記，有一條提到〈殺人祭神〉說：「湖南之俗，好事妖神，殺人以祭之。凡得儒生為上，祀僧為次，餘人為下。」

這段話告訴我們殺人祭鬼的地區及儀式挑選人時，對於階級的意象。由於儒生可能是未來登科的官員，所以以儒生是祀鬼的高級祭祀品。

《夷堅丙志》〈湖北稜睜神〉故事裡也提出一樣的概念：「殺人祭祀之姦，湖北最甚，其鬼名曰稜睜神。得官員士秀，謂之聰明人，一可當三；師僧道士，謂之修行人，一可當二；此外婦人及小兒，則一而已。」

這件事情還沒結束。故事說：有儒生行經湖南郴州的路上，因天色已晚，在地人說前方道路晚上容易有猛獸，最好白日再路過，說動儒生姑且在村里留宿一晚。儒生便開始尋找留宿的住所，在偏僻的小徑，遇到一間大宅院，主人歡迎儒生留宿，並且以珍饌美食供食。晚間出現一位陌生的女子，問說儒生住宿的房間。儒生貪圖婦人美色，出言調戲，便帶到他的房間，流連忘返度過幾晚。某日婦人告訴儒生說：「這家人打算謀殺你來祭祀鬼，趕快離開。」這故事的結局圓滿，儒生順利逃出，也帶著婦人共伴身旁。[5]

故事裡出現三個有趣的特色：(1)拐騙儒生的婦人，她也是這類風俗的受害者，遭人口販子販售到大宅院，專門誘惑儒生。(2)傻傻的儒生對意外的好處經不起誘惑。(3)出現好色的儒生。筆記中儒生通常都好色，所見的比例很高，特別是故事裡的儒生總是經不起誘惑，導致有不好的事情發生，似乎這也是對士人的反面教材。

上述的故事，宋人陳淳的筆記《北溪字義》也提過：「湖南風俗，淫祀尤熾，多用人祭鬼，或村民裒（聚）錢買人以祭，或捉行路人以祭。」

他提到一個例子，有個清寒的儒生在湖南被捉住，綁在廟的大柱上作為人牲。半夜出現一條大蛇纏繞著他，正當大開口要吃的時候，儒生只管念咒，最後蛇並沒有吞食儒生，眾人就認為是神咒護持。

這與《夷堅志》著名的〈建德妖鬼〉故事如出一轍。〈建德妖鬼〉故事是：儒生拜訪親人，回家的途中獨自乘馬卻迷失於道，突然闖出幾十個陌生人抓住他，綁在深山古廟的大柱子，有些人焚香、酌酒，在壁上神像膜拜，說「請大王自取」乃關門而去。儒生才知道自己做為人牲祭鬼。莫可奈何之際，只能默念大悲咒，結果奇蹟發生，想要吃掉儒生的大蛇，來回三次不成功，便溜走。早上眾人「鼓簫而來」想要享受祭鬼留下的人肉時，意外發現生還的人牲，便放儒生離開。

兩則故事有可能是同一件事情，但後一則故事裡很明確儒生因念了大悲咒，使得大

5 類似的故事在《夷堅志》〈碧瀾堂〉一位信仰紫姑神的富商，經商前都會降神詢問指示，受降神指示善待「來日貴客至」，結果叩門者是一位要飯的乞丐。主人依紫姑神指示，為乞丐沐浴更衣，張羅酒食。但乞丐卻哀求富商，說：「自己命雖賤，但仍然愛惜自己的命，希望富商能夠不要殺他。」對這突然其來的好事，即使是身分低微的乞丐都「懼其家或事神殺己」，反而儒生對這件事情的警覺性就沒有那麼高。這樣的事例，反推在民間應廣泛流傳許多這樣的故事。

蛇無以下噤。顯示宗教神力能夠救人產生奇蹟，但士人陳淳卻認為那是念咒之後「神色不動」，才讓動物不敢食，乃是動物的天性與咒語無關。

從中我們發現主角總是倒楣且好色的儒生，卻很少有倒楣的大官，似乎從故事裡也有階級意象的軌跡。而好色的儒生最後也都沒有什麼好的下場。

那麼究竟祭鬼內容的模樣是什麼？有幸另一則筆記留下蛛絲馬跡，讓我們可以一窺「殺人祭鬼」的情狀。

《夷堅志》〈秦楚材〉從南京準備往首都開封考試時，入宿在河旁的客棧。正睡覺時，聽到外頭人聲喧嘩，有十幾位壯丁，穿著錦衣花帽是富有人家，他們跪拜在神像之前，稱呼著自己的名字「擲筊」請神。神像前擺了一個大鍋子，煎油湯正沸騰著，這倒楣的書生秦楚材正顫慄不已，屢告身旁的僕人說，想要自我了斷。但在那一晚直至四鼓（凌晨一點到三點），聚集的眾人連續擲筊禱告，竟然未能得到神祇同意，便將油鍋翻覆。隔天一早，旅店主人開門感謝，說：「秀才前途不可限量，不然我等都要入獄了。」旅店主人顯然是昨夜的共犯，對整件事很清楚。

更重要的是旅店主人說，這些人是「京畿惡少子」，數十成群，每三、五年就會抓人將人投入油鍋中以祭鬼祭祀「猸瞪神」，更顯示這是經年累月的習慣。

每次祭祀時，幾位「惡少子」便取貌美的男子，旅店的客人皆贊助錢財作為獻祭。

這時秦楚材才想起，在旅途的一路上就曾經遇過這幾十人，表示整件事情都是一個圈套。

這個例子讓我們看到更多殺人祭鬼的細節，顯然的有些鬼神喜歡的除了小孩、婦女、儒生之外，有的喜歡「貌美」的男子，這也代表著「猸瞪神」應該是長相兇惡的鬼神，因此，取貌美男子祭祀可能是藉此「變臉」出沒在人間世。

洪邁也記載另一則相關的故事「稜瞪神」，出沒在湖北一帶。這則故事是來自福州少年登科的儒生，因為是單身，成為炙手可熱的對象，有人持金帛聘請登科的儒生到京師做女婿。少年的父親賣茶具為業，欣喜萬分便同意這門親事。路途拜親上，儒生在路旁的村店等待午飯，因為看到風景優美，便想隻身一人在古木陰森下的椅子休憩。不久，「飯已熟」，僕人回到儒生休憩的地方，卻「已失所在，叫乎良久，無應者」，僕人趕緊呼喊尋人，也挽著店主人一起到迷失所在，店主人一看「變色搔首」若有所知，往陰森處冥搜，最後在深山灌木群中發現儒生，已經遭人「剖其肝」。

這件事引起縣官大肆的反應，立即逮補店主人及鄰里拷問，有人繫獄至死，但依舊未能破案，伴隨儒生的僕人也因為內疚，便上吊自殺。這場「殺人祭鬼」的風波還影響到撫州地區，出現「模倣犯」。撫州婦女歸寧時，妻子請丈夫在外邊等她，但丈夫久等妻子未回，懷疑妻子可能與村人有姦情，便疾走尋妻。最後在一條小徑旁發現點點滴滴的鮮血，旁有剛罹難的無頭女屍，衣裳狼狽。再往前見到兩個婦人神色緊張，穿著自己妻子的服裝，便將兩人捉去報官，最後發現自己在一個籠子裡找到自己妻子的頭顱。

從這些宋人零星的故事，也許會發覺其實可怕的從來不是鬼，而是相信有鬼的人。因為相信有鬼，為求庇佑、神啟，探休咎，到最後近似走到瘋狂的信仰。我相信許多在信仰裡的當事人，肯定不認為自己是瘋狂的信仰，而是覺得本來就是這回事。然而，面對「殺人祭鬼」的習俗，宋人菁英又該怎麼反應呢？

士人「移風易俗」的治世

士人在面對社會時通常都帶有崇高的使命感，宋人菁英特別在意地方的風俗，特別是南宋地方菁英他們比起北宋的讀書人更專注在經營地方。我們知道宋代「殺人祭鬼」官方認定是一種邪神信仰，地方應該禁止的淫祀，又因為其以人牲祭鬼之殘忍，更是官方大力譴責的「流俗」。

對於宋代讀書人他們的理想是什麼？或在讀書人用文字呈現的淑世意象是什麼？從《清明集》是一本宋人以法律判例、議論的書籍可見端倪。《清明集》說為官之道，在於「宣明教化，以厚人倫而美習俗。」針對宋代南方殺人祭鬼的習俗，有記載如下：

> 訪聞本路所在鄉村，多有殺人祭鬼之家，平時分遣徒黨，販賣生口，誘畧平民，或無所得。則用奴僕，或不得已，則用親生男女充代，臠割烹炮，備極慘

酷，湘陰尤甚。淫昏之。鬼，何能爲人禍福，愚俗無知，一至於此！朝廷條令，自有明禁，官司玩視，久不奉行，致無忌憚。

這表明殺人祭鬼多半在鄉村裡發生，但前面的故事即使是北宋汴京（開封），仍然有這樣的情形。這類的現象與「販賣生口」有關，就像筆記提到的現象。其次，則用奴僕不得已還可能以自己的「親生男女」代之，成為殘酷儀式的犧牲品。

對於積極「變風俗」的士人，對於這般「不文明」的風俗，自然無法接受。士人認為官員必須在乎一地的「風化」，作為地方風俗典範，因此宋代有許多《官箴》作為官員警惕自己，以及外任判事的標準。從當代政府職能說，宋代官員不只是地方行政長官，身兼社會處及文化部負責處理生民事務，以及變化當地風俗。

士人志於道「移風易俗」這樣的說法，屢見不鮮，據研究是一種群體的自覺，認為「移風易俗」才是官員本職。對於「荊俗兩湖」之殺人祭鬼的「不文明」，士人認為這是地方祭祀淫祀的問題。

「淫祀」是什麼？大致上宋代讀書人都清楚，古代祭祀的規定：「非所當祭而祭之」，包括祭祀來路不明的鬼。說得更直白一點，祭祀不是官方認定的祭祀即是「淫祀」，合法的祭祀如前述需要向中央「請額」得到認定。而地方官員從角色上，受賦予毀淫祀的責任，即使是媽祖信仰在宋代也曾經被稱為「蒲鬼」。

《北溪字義》〈論淫祀〉就特別提到：「狄仁傑毀江淮淫祀一千七百區。」重新申明宋代的讀書人若成為一地官員，必須以狄仁傑作為典範，搗毀淫祀。

《清明集》載，王制曰：「執左道以亂政，殺；假於鬼神疑眾，殺。」又說：「當職正欲極攘卻詆排之力，毀淫昏妖厲之祠，開明人心，變移舊習，庶幾道德一，風俗同，庶民安其田里。」

「左道」指的是祀典沒有記載的巫術，《清明集》表明士人對左道巫術的態度，特別是當職有責任要毀「淫昏妖厲」之祠，目的還是「開明人心，變移舊習，庶幾道德一，風俗同」，這與王安石當政時企圖達到「道一風同」的理想是一樣的。

那麼誰有資格受到祭祀呢？《禮記・祭法》提出五個條件作為五大祭祀，其內容是要能夠「法施於民、以死勤事、以勞定國、禦大災、捍大患」這五個嚴苛的條件，幾乎是時代中的英豪才能擁有受祭祀的權力。

筆記小說裡，故事反應宋人的時代，地方奇形怪狀的祭祀都出現了。就連山泉水也成為祭祀的對象，據聞京師某地山泉水「李水子」有神奇功效能夠治病，這消息傳播得快，從士人到平民及軍營子弟，首都萬人空巷，甚至有人趁機斂財。這場神奇的水，讓人心浮動，常說「今日神見某處，明日神降某處」，人處在喧嘩不已的狂歡狀態裡，看在部分士人眼裡就認為已經「傾動風俗」。

顯然在宋代讀書人的心底，他們認為讀書人應該要與眾不同，勇於反對多數人的思維，對「風俗」的概念有一定英雄使命，至少在思想上是如此。

但是，從過去到現代，宗教信仰一直是社會文化不可剝奪的底蘊，讀書人的使命，往往與其在現實生活上的實踐不太相同。

從政治上來說，上頭的皇帝必須牢牢抓住宗教信仰的韁繩，讓政治與宗教間是互相合作的，即使有困難也必須要讀書人對於國家有使命感，因此，繼承儒家遺風「移風易俗」的讀書人，就某種程度來說，更是便利帝國的統治。

最後，我們回到殺人祭鬼。宋史學者蔣義斌認為宋儒對「人牲」有濃厚的危機感，特別是紀錄上南宋「人牲」現象增加不少，他認為可能原因有以下兩點：

> 一、南北宋之際，南方增加大量的移民，大約有六〇％人口都在南方，移民擴大，加上與南方土著和少數民族多有接觸，士人對於此現象的記載增加了。
>
> 二、南下的移民因農業技術較發達，使得南方土著認爲新移民以人牲祭土。因此擴大對人牲需求增大，刺激境內的人口販賣。

但筆者認為，筆記故事可見到以人牲作為祭祀的人，多半是有財力的商人，甚至是整個鄉村集資的祭祀事業。因此，筆者推測可能的另一個解釋是：宋代南方商業發達，富商、鄉里為求靈力庇佑，能夠得到持續的神力，維持商業行旅的繁盛，或因卜算發達而產生新的社會儀式。

行文至此，必須澄清的是宋帝國的「人牲」絕非特例，而是歷史發展中的常見行為。它可能起源於新石器時代農耕文化，與人類用血祭祀大地、女神，以促使植物生長有關，它是宇宙生命之樹的信仰。

引述蔣義斌先生的研究，他就提到孟加拉的孔德人一直到十九世紀中期，仍有舉行人牲的儀式。

史學家錢穆《歷代中國政治得失》就一直提及必須注意中國是「廣土眾民」的政治疆域，文化普及到各地的程度，與政治力的滲透、交通、新移民的文化交流有關，彼此「文明化」的程度也不一。

而宋人反對「人牲」的紀錄，相較是南宋多於北宋。這也相當程度反映南北宋的差異，兩宋之間我們可以看到宋代在思想上逐漸轉向內在心性的功夫。

南宋學者像朱熹便強調從個人修養做起，注重鄉約、義莊等地方性事物，強調儒者對地方風俗影響的重要性。除此之外，宋帝國也憑藉國家政教的力量，以搗毀淫祀及武力遏止殺人祭鬼風俗，積極讓地方走向國家制度化的控制，對於地方來說，何嘗又不是中央對地方的「文明化」與控制。

第三章

宋代夢寐之間的科舉故事

宋人科舉的幻夢

成就功名是士人的幻夢，許多膾炙人口的「萬般皆下品，唯有讀書高」，即使在現今的社會都是一種中華文化對「求學」的視角。在《論語》「學」的意思，與大部分人認知的「學」就不同。

我們都知道「學而時習之」，「學」說到底的意義就是有效實踐的方法，同時它也代表編織以及模仿，「時」代表是在時間的序列中我們願意投入更多時間學習。「習」從古字的意思是，雛鳥在經歷無數練習後，學到飛翔的技能。習之，便是發現自己的熱情，將一件事做到最好，這是人生一大樂事。直至將老死那一天才忽然發覺自己已經日暮西山。

自唐代定科舉之後，考試是士人（讀書人）一夕成名的重要途徑，也成為在中華文化中菁英人生最大的終極目標。

所以即使位極人臣，沒有進士的功名，對時人來說仍然視為憾事。宋代科舉進士科錄取率低，經歷解試、省試與殿試，真正成為進士及第的士人是少數的帝國菁英，他們的言論將會構成一個國家最重要的政策論述，同時是史家探究歷史的重要史料。

宋人凡是讀書人，他們身披儒服為士人，追尋象徵「成功」的功名。根據學者計算，真宗以後省試入取的名額大約為應舉的舉人十分之一，許多在科舉考試沒能成功的考生，最後就投身軍旅。

以筆者較熟悉的宋代呂氏家族，呂蒙正獲得進士及第後，僅以七年時間晉升為宰輔，迅速升遷。《春明退朝錄》載宋初宰相除趙普外，皆是「進士」出身，因此，獲得進士的位置象徵成為朝廷中樞的可能性。

宋人之中即使是文壇的領袖，也希望得到進士位置。有許多人因為終身未獲「進士」最後皇帝授予「賜進士出身」，相當於今日的名譽博士。這現象表示獲得功名這般的渴望，深植在士人的心中。

《夷堅志》故事裡便有許多考生相關的「預兆」，宋人凡科舉入仕求神問卜，自然是為自身的未來，人常說前途未卜，「未卜」表明人在難以抉擇時，求助於超乎個人力量的事物協助自己。

自古有言說：「卜以決疑，不疑何卜。」即是這道理。

《夷堅志》載宰相陳升的故事便如此。陳升年少家貧，朋友勉勵他參與鄉舉，卻因家貧猶豫不決，便入廟求卜，連得三次陰筊深覺前途不樂觀，幸虧旅途上有人強挽著他留下。進入城鎮後，夢中忽見神明告訴他說，求卜時神明正赴宴，所以誤發三次陰筊，特別前來說：「陳升這次考試會成為登科進士，官至宰相。」夢醒，齋戒再前往寺廟求卜，連得吉卜。最後果然如占卜所言，登科最後成為宰相。

故事顯示陳升歸功於自己人生的轉捩點是「問卜」的結果，最後讓他轉念，實踐自己的命運。同時說明，讀書士人因為仕途未卜，以卜算的方式，計算自己的前途與利祿，也重視「夢」對日常生活的啟示。

陳升在夢醒時分，再度前往占卜時，做一項有趣的行為——「齋戒」。齋戒後詢問鬼神求卜，結果果真如鬼神所料，往後在宋仁宗景祐元年進士科登第，神宗當官至宰相，這說明求卜鬼神與夢境故事的「靈驗」。

這一則故事的模式是：求卜、回應、驗證，三個循環塑造有效的靈驗故事，這對宋人的世界來說也是日常生活的常態，縱使是讀書識字的士人，日常生活經驗也離不開鬼神之籌。

試舉另外兩個例子，一是撫州的后土祠十分靈驗，士人鄒極仍未登科時，曾經向神明祈夢，夢中窺見一詩，甦醒後對詩的內容歷歷在目。這首詩對聯便是他人生的寫照，夢中籤詩應驗人生。

另一例是士人黃瀛善於作文，在太學時頗富名氣，常告訴屢屢在夢中人稱為「黃狀元」，但是他的「夢預」卻始終沒達成過，直到二十年過去後，有一位「黃狀元」誕生，才感嘆說：「二十年夢黃狀元，今乃為它人奪。」

因此，史載可見的夢中求名、夢中求啟示，「求夢」的心態來自於士人對科舉的渴求，也是宋代士人內心最大的期盼。

有句比喻如下：宋代科舉就像磁鐵將天下士人吸向中央靠攏，因此「日有所思，夜有所夢」，「科舉夢」成為讀書人心中欲望的投射。

考生祈求卜算

華人社會每逢考季，便有考生帶著自身的准考證以及身份證號，供奉在神祇面前，祈求神祇護佑，能夠在各種試場順利通過考驗。分析這個現象背後的因素，更是希望透過祈禱、祭拜、供奉祭品的儀式，與神祇定下某種「約定」，以貢品「交換」自己的願望，像是換取考試的運氣及奇蹟的出現。

所以，愈是「靈驗」的廟宇，在特定節慶時，那些對神祇有祈願的人便絡繹不絕。求卜之餘，卜算本身就是一個專業，便需要有人來輔助求卜者知曉天意，因此會有特定的術士幫忙完成這項工作。

臺灣的宗教盛宴裡，大廟有籤詩，廟及其周圍都可見行走江湖的卜算人士，協助困在人生的旅客，說明目前現狀的來龍去脈，占卜未來運勢。

宋人卜算人事的術士，多半擁有儒生的身份，當然也有各自出師的卜算師傅，專門做考生的生意。這些卜算人士需要有「事蹟」，證明自己善於「相人」，甚至有術士能夠聽器物的聲音，判定吉凶。

熙寧三年（一〇七〇）的進士葉祖洽與榜眼及第的上官鈞都是邵武縣人，葉祖洽少年時喜歡騎羊玩耍，善於相人的俞翁見到他就說：「郎君當魁天下士，勉之，無戲！」意思是說，你將會成為未來天下士人的榜首，趕緊努力，不要再玩耍。這個預言對祖洽來說是個轉折，與上官鈞共同拜當時鄉居的黃右丞為師。但故事還沒結束，兩人又曾經到山中的寺廟，俞翁見到他們兩人稱：「狀元、榜眼，何自來此？」當下兩人仍舊壟罩在一團迷霧中，俞翁表明自己不是誆他們玩的，預言他們同年登科。便指著庭院的竹子，說是為他們預測科舉的題目，正好熙寧三年罷論詩、賦，改策問時事，那年祖洽才理解老人所指的竹便是「策問」的意思。

這則故事表明，對於能夠做到《易經》：「鬼神不測之謂神明。」擁有「知人」能力的人，至少在宋代是津津樂道的故事。而且這則故事的卜算人士是鄉居的老人看出兩位少年的潛力。

有關祖洽的故事也轉載在《四朝聞見錄》：「葉祖恰夢神人許之為狀頭，惟指庭下竹一束，謂之曰：『用之則為狀元』。」

前後故事的相異是，俞翁的角色變成了「神人」，從善於知人的卜算之士，變成夢境的啟示。俞翁的角色就類似張良遇到黃石老人故事的翻版，甚至有學者認為「俞翁」的角色，還可能與南宋「濟公」故事有關係。

無論如何，類似於預測士人登科的民間故事，他們共同的特色是：有知人或是知曉風水的特殊技能。若以市場競爭的想法來看，他們的身分，還可能代表佛、道、儒等之間對於卜算市場的競爭。正因士人求取功名，就如明代《儒林外史》那般的諷刺，一旦考取功名立即轉換身分成為有權力、有財富以及提升家族聲望的象徵。特別是宋人在政治場上，政治家族都會以新科進士作為聯姻的對象，以強化家族未來的政治利益，因此有人將宋人的政治關係稱之為強力的關係家族。

因此，宋人考生想要考試上榜的這個強烈想望，讓儒生也顧不了《論語》「子不語」的說法，「子不語」意味著對於鬼神以及未知的事物保持距離，但理想與制度往往扣不上現實的需求。因為科舉創造出的需求，儒生紛紛向卜筮之術，求取高明的指示；值得注意的是正因為宋代的多元，讓各式有技術的儒生、手工藝匠、飲食生活有市場，以及擁有大量菁英型塑的社會資本，才能創造卜筮之術流行。所以，有學者認為宋人的許多「讖語」，反映正是知識分子集體對於擁有致命吸引力「科舉」的欲求。

我們不要忘記，就連宋代開國君主宋太祖趙匡胤，也利用「讖語」宣傳自己是人間佛教的轉輪聖王，以及對待各教的寬容態度，簡直就是以儒、釋、道三教之共主自居。

另外，《夷堅志》記載南宋名臣王龜齡的故事，紹興年間與舍弟去補考國家前途的代表「太學」，路途上住九曲寺，當時可能是他想要考上功名得失心重。睡夢中，夢見揭榜後有「王二」兩字，便認為這個神啟的預兆是弟弟中選，對他打擊很大。但弟弟聽到這個夢後，說：「王二是代表哥哥是第二名的意思。」而後真的如夢啟示所料。

第二次大考是甲戌年參加省試時，王龜齡內心惦記著夢啟，但遲遲未有預兆。便走到窗臺邊，見旁有小紙堆，便默禱求讖，信手抓一把紙，抓出半張殘破的紙張，約五行字但模糊不可視，惟辨識的出「丁丑」二字，當天考試不利，一直到丁丑年便「魁天下」進士及第。

《夷堅志》這則故事我們以「得失心重」作為王龜齡向卜筮之術求取指引的契機，正因為現實生活無法確定且內心無著落便希望以卜算「祈求神啟」，安定內心。確實尋求「神啟」的行為並非千年之前人類的專屬，縱使在今日尋求「神啟」的故事，或由「神啟」引導生活的活動，依舊活在現代的日常生活。

這也許可以天外飛來一筆，可以問說宗教對我們來說的意義是什麼？對宋人而言，或廣義古代生活的人來說，宗教可能代表著依著節慶生活的儀式，順著大自然法則，理解自然與秩序，找回對的人生時間規律。

即使對讀書識字的菁英來說「鬼神之事」純屬無稽之談，但我們不能忘記人心是混沌不堪的，內心總是無法如止水般澄澈透明，總是「心有所思，夜有所夢」，特別是冥冥之間難以抉擇的事物，我們便用卜筮來解決心中的疑問，這是身為「人」的共通性，人生總是在「不確定」中生活，又想抓住「規律」，因此「天無絕人之路」的古代詮釋，放在特殊士人菁英對「人鬼關係」的想象，人鬼之間也存在互酬的利益交換。

考生與人鬼關係的互酬

〈蔡十九郎〉故事，紹興三年這一年，秀州的王櫓參加省試，第一天考完之後發現有一詞句沒有押韻，便悵然若失。有一監考小吏知道後，與王櫓約定，若能為他偷盜考卷讓他改正，小吏因家貧，希望王櫓未來能夠報答他。故事中，王櫓許諾事成會給予一筆錢，小吏離去，留下半信半疑的王櫓。後來小吏果真取試卷，王櫓趁機改了卷宗，也詢問小吏姓氏與家中地址，小吏給王櫓一封信說自己的工作不方便外出，請王櫓代送。考試結束後，王櫓依照約定，尋著地址找到小吏家，連同錢與信件交給他的妻子，妻子見信立馬哭泣。她說：「我的丈夫早就已經在貢院中死去，經歷兩次考試（六年），還能想到家貧需要用錢。」這一年，王櫓登科，更加厚恤小吏家人，收其子為奴。

洪邁認為這則故事與《太平廣記》記載的郭承嘏故事類似，並推論可能是士人誤傳為宋人的故事。但故事裡出現的重點便是：「賄賂」，士人為求上榜不惜重金也要塗改自己的試卷，這樣的行為顯然是不符合士人的道德，卻成為鄉里談論的談資。從故事中可見科場作弊在大眾的眼中，似乎是可以接受的觀念，以金錢換取金榜題名，賄賂小吏達到目標是符合實情。當然《夷堅志》不乏有考生在赴試路途中勾搭少女，受到天庭敕殿試一舉，但是終身不第而死，根據學者統計這類科舉的道德故事在宋人洪邁的筆記小書所占比例約佔有十條，當然筆者認為何為道德、何為不道德，這把尺的衡量畢竟是很模糊的。

〈王刊試卷〉：梁山軍人王刊，最初名為王某。曾經夢到大官府，上面有巨牌掛在牆壁上，有「王刊」二字。他便認為「王刊」象徵著上榜的官員，因而變更名。參加貢試時，白天遇見身穿黃衣的吏在往來的大道上，交給他三通試卷，王刊用僅存的三百錢答謝黃衣吏，並約定未來若及第，當會厚賞。當年王刊登科，但一直找不到當初拿試卷給他的黃衣卒，最後官至朝奉侍。

王刊的故事顯示「預兆」對參加科舉考試的士人的重要性，人鬼之間彼此互酬的個人模式。

另一則有趣的故事，在諸葛憶兵先生的論述中，認為科舉是最為複雜的人鬼故事。[1]〈沈持要登科〉這則科舉故事，說明宋人不只有假冒之鬼，甚至為了參與考試，考生與其親族也會因時制宜「創造新戶籍」。沈殊受到親戚協助換了戶籍參與考試，考試時間正值八月十五日，兩日便可抵達。當天晚上夢到寢室內出現高大的長人數十個，都像是神明一樣，斥責他：「這裡不是你待的地方，趕快離去，不然就殺了你。」夢醒，沈殊因為驚嚇而生病便請僕人呼喊舟人乘船離開此地。恰好遇到同鄉的舟人願意載有疾的沈殊，便乘著薄暮出城，一離開後身上的疾病便跟著消失。十六日早抵達考場吳興城，見到諸多考生往來，才知道昨日考場歷經暴雨，因此考試時間改為十七日。親戚紛紛祝賀沈殊，認為這是上天為他準備擇日考試。考完試將要揭榜前，沈殊夢到一聲大響雷而起床，到庭院外抬頭看月亮皎潔燦然，心有所疑便決定「蓍龜」占卜。天將要亮的時候，正巧有占卜者過門，便請他一卜，得「震」卦，畫一婦人病臥床上，但尚且無大礙，一人趨前有「奔」字，卜算者得出他將躍龍門之語。一早報榜人正巧姓名是賁胜，沈殊中舉回家後，果然妻子臥病，幸無大礙。明年赴省試，一日考經義後，有巡視考生夾帶小抄的官吏在旁巡邏，在旁注視著他。他起疑心便問巡邏者何事，巡邏者說：「看到你箱子的蠟燭品質很好，是湖州出產的嗎？若沒用到可以給我嗎？」沈殊以為這個小吏想要趁機討點東西，遂不多想全給他。次日，考詩賦時，巡邏的人跑過來跟他說：「剛剛看到主考官抄卷，抄到大概一半左右，就像你寫的文章，你一定會有高捷。今夕切勿倉促，我已經幫你排在戶外座位。」沈殊又不以為意認為巡邏的小吏想要蠟燭便又送他一次，這次小吏還了一根蠟燭回來，「請你留著用，三年考一次試，不可不仔細。」晚上寫完考卷要交卷的時候，巡邏的小吏挽著他，請他好好再讀一次，最後發現誤壓二字，立馬更正。明日正要入訪拜謝時，卻不再見到巡邏的小吏，才發現是「神人」委婉的協助，最後沈殊在當年進士及第。

〈王刊試卷〉與〈沈持要登科〉兩則故事都有蘊含鬼神力量的協助，特別在〈沈持要

1 諸葛憶兵，〈《夷堅志》「科名前定」思想與鬼神敘述〉，二三一。

登科〉的故事，沈殊赴試的過程，是一連串的命運奇妙安排，都發生冥冥之間不可知的巧合。故事出現的卜算人士，也透過「靈驗」形塑沈殊對自己參與科舉的信心。同時，如同前一則故事裡，考試中小吏的協助、互相酬謝是常見於宋人科舉的人鬼故事，這也反映考試需要內應作弊，甚至未舉出的冒名當槍手的故事，是屢見不鮮。就像電影《瀘得水》所描述的場景，正因為邊區的教育經費不足，所以冒名頂替、浮報名額的情形，在廣土眾民的中國文化是很容易出現的，國家對戶籍的控管若未能與地方家族共同治理和分享權力是難以統治這樣跨越疆域，以及多元文化、政治系統的中國。

最後，本篇交雜論述有關科舉的「人鬼」故事，我們發現故事都是以「關係」作為起點，回到「關係」的定義：關係是人與人之間的紐帶，人的關係紐帶是多元而且順著關係有等差變化，關係愈近彈性愈大，反之亦然。如費孝通先生《鄉土中國》裡，提出的「差序格局」，親親、尊尊，人們對愈親近的人，愈表示尊敬，人們的關係網絡愈接近人際圈核心，代表關係愈為重要。當然人與人的關係如此，鬼是人之所變化，人鬼關係更當如此看待。

無論我們如何看待靈魂、宗教是否為人內心幻影的投射，但「鬼」在《夷堅志》是存在於士人的生活當中，「有鬼」成為宋人的日常生活，這在今日也是如此。

第四章

宋代的算命文化

說起算命在華人社會，人人愛算命，想知道自己的「命」是什麼。許多人出生時父母親為求知小孩未來的吉凶，會請卜算先生排孩子的流年，讓父母能夠協助孩童趨吉避凶。人人都想知道命，知道命之後，一來可以理解自己的現狀，二來便會期待能夠改變命運的方法，蘇軾也感嘆說：「命皆有定數。」究竟人哪時候開始算命？這可能跟遠古的巫王非常有關係，由國家的統治者牢牢掌握能夠卜筮的權力，我們今天用的「上達天意」這四個字的意思，其實就跟巫術信仰有關。討論到宋代的算命文化，南宋吳自牧留給我們很棒的想像。《夢粱錄》卷十三〈夜市〉：

> 大街更有夜市賣卦：蔣星堂、玉蓮相、花字青、霄三命、玉壺五星、草窗五星、沈南天五星、簡堂石鼓、野庵五星、泰來心、鑒三命。中瓦子浮鋪有西山神女賣卦，灌肺嶺曹德明易課。又有盤街賣卦人，如心鑒及甘羅沙、北算子者。更有叫「時運來時，買莊田，取老婆」賣卦者。有在新街融和坊賣卦，名「桃花三月放」者。其余橋道坊巷，亦有夜市撲賣果子糖等物，亦有賣卦人盤街叫賣，如頂

盤擔架賣市食，至三更不絕。冬月雖大雨雪，亦有夜市盤賣。至三更後，方有提瓶賣茶。冬閑，擔架子賣茶，鐵子、慈茶始過。蓋都人公私營幹，深夜方歸故也。

這條資料，給我們很多線索，南宋臨安城（杭州）夜市的樣貌，光是賣卦的術士就是一整排，他們利用各式卜算的法子做生意。在橋道旁有賣果子糖的，也有賣卦的，不是坐著幫人卜卦，而是沿街叫賣，就像頭頂著大盤，身上背著擔架挑著食物，準備到市場買賣。即便是到晚上三更天，也往來不絕。三更天後，提瓶賣茶，擔架子賣茶等，文字描述許多店家忙碌的情景。忙碌的店家也反映著汴京人潮流動就是那麼繁忙。更動人的是：資料也回答了，人們求卜算必然是「有所求」，就像是古代社會「鬼討香火，女求歸」。

從臨安大街上，路上行人想必都很常聽到：「時運來時，買莊田，取老婆。」這個聲音也許正打動在都城裡，求取機會的士人、商賈及百工，他們內心盼望的「時運來時」。當遇到對的時機，人就「時來運轉」。從標語上我們可以想像得到：買莊田置產與娶一位老婆，對宋人來說，這就是人生的喜樂。

卜算是國家的大事

《左傳》就提到「國之大事，在祀與戎。」意思是對於國家最重要的事情就是一國的軍事力量與宗教祭祀。國家祭祀當然有相關的專職人員負責就是「太卜」，他們就像現在的天文學家及氣象專家，掌握和觀察兆象的解讀方法。對國家來說卜算國運，展現國家汰舊換新的氣象，這是任何新即位的皇帝都會注意的事情，到廟宇求籤卜算國運，預測未來就像一場政治戲。

皇帝通常也會卜算，但是對中央來說，地方上若有妖言妄談「國運」，這件事情肯定是觸碰到政治的紅線。

《續資治通鑑長編》開寶五年（九七二）朝廷就有禁止佛教、道教「私習天文、地理」。在景德元年（一〇〇四）再次提出「圖緯、推步之書，舊章所禁，私習尚多，其申嚴之。自今民間應有天象器物、讖候禁書，並令首納，所在焚毀，匿而不言者論以死，募告者賞錢十萬，星算伎術人並送闕下」。

兩段來自於朝廷的詔書，與《史記》李斯焚書令如出一轍在隻字片語上我們得到的解讀是宋代朝廷不允許民間私自學習天文、地理之學，這類知識相當於國家讖緯之術，能夠解讀天文的異人，是具有威脅的煽動份子。特別是宋太祖建立宋朝時，他也是依靠天文讖緯的謠言，塑造自己成為當代救世主。

學者劉祥光提到占卜以陰陽五行等超乎人間界的力量，用來牽制君主或是成為政治上鬥爭工具。在中國文化底下，還存在失德會遭「天譴」的想法，當君王不能夠交出好的「政績」，上天會反映在天象，包括發生水旱災、蝗災、瘟疫等疾病，這也是我們在本書後面會看到為什麼中央朝廷必須要舉辦各式的超幽拔苦的水陸法會或黃籙齋，目的不言而喻，自然都與維繫政權有關，當然身為皇帝治理天下外，他還代表天下百姓父母的職責，兼具「生民」的理想。

筆記小說提到有位占卜的瞽叟預測國家首都的未來。瞽叟王俊明能說「天星災祥」，有膽識不諱言直說「汴京王氣已絕」。他的根據是：「盆水直氐房下望之，皆無一星照臨汴分野者更於宣德門外密掘地二尺，試取一塊土嗅之，躁枯索寞，非復有生氣。天星不照，地脈又絕。」這段話的意思是：沒有星星照射到汴京，在城門外的土壤亦失去生氣，既然城市缺乏星星守護，地脈生機也成敗象，這就是王氣已絕最好的證明。但是這件事情，在當時候只成為一則笑話，瞽叟也受逐離開汴京，很幸運的是他並沒有遭受到朝廷的任一責罰。

另一則是在真宗皇帝駕崩後，信州白雲山人徐仁旺曾與宰相丁謂爭論遷徙皇帝的陵寢，但未能成功。白雲山人就預言一段近似詛咒話語，後來這次胡亂的預言，卻讓後人穿鑿附會，與靖康之變產生連結。

《宋朝事實類苑》裡的卜者就沒有那麼幸運。故事說：「有卜者上封事，語干宮禁。」雖故事沒有細說但是皇帝大怒，下令逮捕這位卜者，並搜查卜者家中書籍。最麻煩的是書籍可能沒有什麼問題，卻搜出許多朝廷官員與他往返的書信。皇帝得知訊息之後，只有更加憤怒並指示：「此人狂妄，果臣僚與之遊從，盡可付御史獄案。」這是極為嚴重的政治事件。

宋代卜算人士與官員、讀書人之間的交流十分頻繁，根據現行研究卜算人士常進入官員及士人的家裡，甚至為得到好處微調自己的卜算，符合官員的喜好。雖然有些自命不凡的知識菁英，會認為卜算是騙術，認為命不可知。但是大多數的人仍然利用卜算，求占考試、前途、未來。別懷疑就算是愛吃豬肉的蘇東坡，據說也相信卜算。

回到故事，故事裡的皇帝應是真宗皇帝，當時的宰相是王旦，面對可能會株連朝廷官員的大事，他卻機智以對。隔天，王旦向皇帝獨對，「獨對」就是申請跟皇帝一對一溝通，這是宋代很特殊的資訊溝通模式。換言之，「請對」就是申請面見皇帝。

一是說明自己到卜算者家裡調查過所藏文字都是算命、選日、草本等書籍，沒有記載任何朝廷事情。也就是說，沒有見到任何違反禁令的事情，我們也許還記得朝廷禁令是：私習天文、地理、讖緯、推背圖之類的謠言。但是宰相王旦的調查就說明這件事情並不存在。

第二點就是宰相政治厲害的地方，他拿出一張算命的紙張。用平淡的口氣說：「我去年也曾經找他算過生日星辰的命盤，如果皇帝昨日說要把所有跟他有牽連的朝廷官員一併問罪的話，也請皇帝一起抓我。」

這一說皇帝的腦袋就打結了，反問說：「不然，你的意思是要怎麼做？」王旦回答說：「我只是不想因為卜祝賤流，而累及朝臣。」

皇帝的怒氣，在短時間也平息，最後王旦回到朝廷時，把所有的卜算行狀立即焚燬。有些朝臣想藉著這次事件鬥爭王旦，力勸皇帝追究此事。最後，搖擺的皇帝又改變意見，遣人向宰相王旦取那些收羅的證據。也許一切都在王旦的預料之中，宰相王旦回說：「已經奉旨全部焚燬。」也讓因為卜算事件引起的政治風波平息了。可見朝廷控制卜算並非空穴來風，而是卜算、天文在歷代已經有太多，因為巫毒捕風掠影造成的政治清洗。

有愛問卦的皇帝也會有愛問卦的士人

問卦的皇帝想知生死

皇帝愛問卦，喜歡八卦之談可能來自於好奇，想要探究眾臣內心的向背。當然，最大的原因就如同人們害怕鬼怪一樣，都來自「不確定感」。

當然卜算也許就像《史記》所說：「卜者多半用非常誇張的語言取得人心，把人捧得高高的說到人的志向，並且善於說禍災讓人擔憂，談論鬼神讓人因懼怕而付出錢財。」[1]

1 《史記》原文：「卜筮之人多誇言以得人情，虛高人祿命以說人志，擅言禍災以傷人心，矯言鬼神以盡人財，厚求拜謝以私於己。」

但是，至少在兩宋之間卜算的專業人士，他們的身分及地位，逐漸轉變受到當代讀書人的關注。宋代的讀書人也與卜算人士有互相書信往來、唱酬的交情。

皇帝愛問什麼卦？其實還是追尋一己之福。宋代建國君主趙匡胤在卑微時，喝醉入南京的高辛廟中，看到桌上有竹筊便「占己之名位」，想要知道自己未來的命運，便開始擲筊從小官到節度使全都是聖筊皆不應。直到口占說：「難不成是做到天子嗎？」最後一擲「占得聖筊天命」。

關於皇帝占卜的筆記故事還有一條，而太祖故事還有一例，劉靜貞先生在《皇帝和他們的權力》寫得很精采。略述如下：開寶八年（九七五）太祖西行時遇到過去預知他成為皇帝的混沌道士，大喜之餘令人密引入宮中，並回躡與道士見面。這次一見面也是他們最後一次的會面，據學者認為宋太祖晚年與他的弟弟趙光義不合，趙光義甚至在太祖末期已經掌握朝中所有力量。當太祖漸步晚年時，內心肯定有萬般的躊躇，希望求得一解。

正好，兩人會面太祖一句話就問：「我很久就想見你解決一件疑惑，無他，我的壽命還能活多久。」

宋太祖的舉動很不尋常，皇帝召喚道士還必須鬼鬼祟祟，特別是召喚在十六年前準確預測「得位」的道士。而太祖皇帝問的事情，不是別的而是自己還能夠活多久。會問出這句話表示：太祖有預感自己的身體不如以往，另一面也暗示著可能有潛伏的危機。混沌道士說出了一個驚人的消息，直接道出：「今年十月廿日夜，如果是晴天，則可延一紀；不爾，則當速措置。」一紀即是十二年；道士顯然能夠卜算人的命運，也告訴太祖他的吉凶。

而那一年也是眾所皆知的事情，宋太祖看到天氣晴朗，心裡頭暗自忖喜，不一會「陰霾四起，天氣陡變，雪雹驟降，移仗下閣」。素知天命的宋太祖趙匡胤立馬請自己的弟弟光義進宮飲酒，最後促成「燭影斧聲」這段宋代歷史的懸案。

皇帝對於很多事情其實是把握不住的，當了皇帝自然無法像其他朝臣歷練遊宦，也不曉得是否就是這樣把皇帝悶壞了，有時候皇帝也藉著軍旅去看看世界。當然，把握不住的不只是風水地理而是人，皇帝一人面對百官的緊張感是很強的，皇帝有一種象徵性的權力，但身為皇帝他必須曉得這個權力來自於儀式的賦予，用古代的說法即是繼體（制度）守文（神話）之君；在那個時代人心很難掌握，皇帝不是與百姓共同治理天下，而是與一群讀書人菁英共治天下。各地的菁英分子對皇帝來說，正因為有他們在地方上治理，扮演「正統」的腳色，他的位子才能夠更加穩固。

宋太宗出征時，也請術士為自己占卜勝敗，立儲時也請人看相，確認自己的兒子是否有「帝王之姿」。「相人」、「知人」懂得看一個人是否堪用，在宋人的眼中是很重要的，筆記常出現皇帝或宰相都善於看相知人。從一則筆記聽聞，才華洋溢的宋徽宗在選用官員時，也會利用卜卦作為選任官員的參考。

問卦：每算必中

士人為什麼算命？我們在〈宋代夢寐之間的科舉故事〉提到：因為想要探究未來會發生什麼事情。直至今日我們對於一些異人預測未來也非常感興趣，在時運不濟的當下也想著要時來運轉、一帆風順。

我很喜歡宋人李衍的對話記載如下說：

曰：「古有命格，今不可用。古者貴人少，福人多；今貴人多，福人少。」余問其說，衍曰：「昔之命出格者作宰執，次作兩制。又次官卿監，爲監司大郡，享安逸壽考之樂，任子孫厚田宅，雖非兩制，福不在其下。故曰福人多，貴人少。今之士大夫，自朝官便作兩制，忽罷去，但朝官耳，不能任子孫，貧約如初。蓋其命發於刑殺，未久即災至。故曰貴人多，福人少也。」

讀起來莫不有一股感慨，貴人固然有機會位居高位，但是能夠富有讓子孫也跟著享福的畢竟是少數。

這段話來自於長安張衍，年紀八十歲，他能預卜朝廷人士禍福，無一不中，並以其卜算的專業技術聞名，人稱他「有忠信，識道理」。張衍除卜算外，還會「許」給某個官員說他未來將有作宰相等語，學者劉祥光先生就認為用「許」字在語境上就像是我承諾一個官位給你的感覺，只要「應驗」了就會在讀書人的圈子成為當紅的術士。[2]

而想當然爾，讀書人也有人持反論，就像是重提司馬遷對卜算的看法，也更強調卜者的機靈，以「話術」把人唬著一愣愣的。

科學家沈括《夢溪筆談》一例就說：「京師賣卜者，唯利舉場時舉人占得失，取之各有術。」沈括提到賣卜的人，針對宋代考生想要魚躍龍門的心情，凡是有人問考試得失，就都回答說：「必得。」讀書人聽得開心，就「競往問之」，這確實是一個好方法；而考試過後，凡有人問結果，卜者就說：「不得。」根據宋人對考中科舉的意象認為在偌大的考生群中，通常七〇％都是考場的失意份子。因此，有些取巧的術士會利用這類的機率，讓人誤以為他的預測非常神準。只要壓寶出了一個舉人，這個術士的名聲就更加響亮，沈括不屑的說「有因此著名，終身饗利者」。

這類說法將術士卜算作為一種「投資」，其實也並非如此不可見人。只是對宋人精熟儒學的菁英來說，他們認為的「正道」不是卜算這樣的「小道」。

卜算的流通市場

卜算既然是人人都愛，士人相信也好不相信也好，總想對方會怎麼形容自己。既然是這樣，卜算人士他們到底出沒在那裡？

俗話說：人潮帶來錢朝，宋代人最多的地方便是首都。王安石說：「舉天下而籍之，以是自名者，蓋數萬不啻，而汴不與焉。舉汴而籍之，蓋亦以萬計。」令人驚訝的是首都汴京以卜算為生的人，就數以萬計。

從南宋的《夢粱錄》我們應該記得在夜市裡賣卜先生、時運先生有特定的一條街館。也許大家還記得沿街叫賣的「時來運轉，買莊田，取老婆」。

2 這一點可以參見劉祥光，〈算命文化的轉折〉，頁四十八—五十五。對於術士如何擴展市場有非常有趣的深入討論。

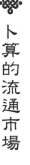

北宋孟元老《東京夢華錄》〈東角樓街巷〉：

街南桑家瓦子，近北則中瓦，次裡瓦。其中大小勾欄五十餘座。內中瓦子、蓮花棚、牡丹棚、裏瓦子、夜叉棚、象棚最大，可容數千人。自丁先現、王團子、張七聖輩，後來可有人於此作場。瓦中多有貨藥、賣卦、喝故衣、探搏、飲食、剃剪、紙畫、令曲之類。終日居此，不覺抵暮。

琳瑯滿目的宋代城市生活，每日從早到晚讓人目不暇給，還沒逛得盡興一眨眼就到晚上，彷彿是時間魔術。此處大抵仍看到賣卦的生意都在瓦子裡，瓦子以現代的說法應該就是宋代一座又一座的大型商場，聚集各式百貨、奇珍異物都在這個地方，如果有時代評比的話，宋代的市場肯定也是千年前最好逛的精華地帶。

不只如此。孟元老〈相國寺內萬姓交易〉提供更多的信息。記載說：

相國寺每月五次開放萬姓交易，大三門上皆是飛禽貓犬之類，珍禽奇獸，無所不有。第二、三門皆動用什物，誕中設彩幕露屋義鋪，賣鋪合、簟席、屏幃、洗漱、鞍轡、弓劍、時果、臘脯之類。近佛殿，孟家道院王道人蜜煎，趙文秀筆，及潘谷墨，占定兩廊，皆諸寺師姑賣繡作、領抹、花朵、珠翠頭面、生色銷金花樣襆頭帽子、特髻冠子、絛線之類。殿後資聖門前，皆書籍玩好圖畫及諸路罷任官員土物香藥之類。後廊皆日者貨術傳神之類。

位在首都的相國寺在宋代也是商業繁盛之地，令人也許很難想像在清淨的寺廟裡也會出現許多日常的俗務。不只如此，寺廟從大門到廊道都成為掛著商品的場所。特別是，寺廟的師姑也加入販賣手工業製品，而寺廟的後廊則是專屬卜算人士的地盤。有篇記載相國寺一位卜算師，算一卦萬錢，還需要特別預約「每日只推算一命」的飢餓行銷。

朱彧在《萍州可談》記載，首都汴河旁有人稱「張聽聲」的瞽者能夠「聽聲知其禍福」，可見卜算樣態之多。

士人王安石曾經田野調查過宋代的卜算市場，並還辛勤的為卜算攤位計算人流。他說：

> 予嘗視卜汴之術士，善挾奇而以動人者，大抵宮廬、服輿、食飲之華，封君不如也。其出也，或召焉，問之，某人也，朝貴人也；其歸也，或賜焉，問之，某人也，朝貴人也。坐其廬旁，歷其人之往來，肩相切，踵相籍，窮一朝暮，則已錯不可計。

這則可以讀出「卜算」給予術士賺取優渥的生活，攤位人流應接不暇。王安石的觀察讓我們得以想像卜算的客群，似乎反而是越是富有、有地位的人，較一般人更熱衷於卜算。

宋人筆記也有依靠卜算也可以養活一家人的例子。《茅亭客話》提及某家祖父就以「醫卜為業」，有名到四方村莊都請他卜算，可說是生活不虞匱乏。《夢溪筆談》也提到一位杜生因為「無用於時」窩居在家裡足足三十年，也是以醫卜為業，依靠給人擇日、賣藥，便能生活下去，雖然有時不繼，但自食既足。

然而卜算行業有些原本是參與科舉的士人，因為屢試不上便棄儒轉卜。對時人來說，多半認為這樣不屬於讀書人應該追求的夢，因讀書人賦予淑世的理想。

科舉有時終究就是有人沒有命考上。蘇軾《東坡志林》〈人生有定分〉感慨說「人生自有定分」，就像自己身無大志，但是想要求得溫飽卻和考試獲取功名富貴一樣艱難，這也說明不是當官就會發達順風，擁有許多財富。袁采在其《袁氏世範》就很明白認為做官「無世祿可守，無常產可依」，所以勸其子孫，如果為儒業是養活自己很好的辦法，但是如果不是讀書的料，那就可以學公文筆墨幫人寫信、學點讀做幼教老師，不然「醫卜、星相、農圃、商賈、使術」等，只要可以「養生」讓自己能夠好好的生活，「不至於辱先者」子孫也不必然一定要考科舉。「醫卜」可以為業，若跳脫出人生必然要出人頭地，卜算在宋代的市場相較前朝更是蓬勃發展。

宋人卜算的奇事

記載在蘇轍《龍川略志》裡，說蘇軾也愛算命，他曾經遇到天慶觀擅長「言人災福」的徐三翁，便順口問他自己的禍福。三翁說：「你不做官就好。」這件事情蘇軾深信之，他的弟弟蘇轍也同意他的哥哥不適合做官，說「子瞻信之而不能用」，後來人家當官是越走越高，蘇軾是越飛越遠。蘇軾在《東坡志林》也提到自己遷居南海，遊天慶觀時，拜謁真武大帝，抽靈籤，「以決餘生之禍福吉凶」。應該就是在這時候遇到異人徐三翁，他雖然都吃道士吃剩的食物，但是怎麼說人吉凶，都是「必應」。他說中蘇軾、蘇轍兩兄弟的生平，讓兩人在仕途的患難中得到解釋。

還有一則是有關五代狀元王溥的故事，宋初宰相王溥這輩子過得富貴、奢侈，過得忘了自己是幾歲了。有次聽到宅外有瞎了眼的卜者經過，便請人延請入內卜算。僕人出外延請時，僕人告訴算卜的人，他的主人想問的問題和想聽的答案，跟卜者約定等會給賞錢時也分給他一點。可見，卜者與門僕之間的串通可能也是常有的事情，最後卜者唬了王溥已經一百二十歲了，還能更向上，估計能活到一百三、四十歲，王溥聽了大喜。

宋代的卜算還有一種方式前文未述及就是聽響卜，大抵就是依照次序，隨機聽到路人所說的話，應對自己所求的事例。《夷堅志》裡有一則，宰相王旦的孫子叔存放榜後，請僕人去看榜，時間拖久了心裡急，眾人便帶叔存去橋上聽響卜，剛好河畔婦人叫到「婆惜你得」四聲，眾人以為是凶兆，存叔卻喜不自禁，因為他的小名正是婆惜，最後真的名列前茅。此外，有關士人科舉的夢，也被認為是對考運的想像，像是看見類似龍的意象，就會覺得對自己是一種祥瑞，而有祥瑞必然有接受詳瑞的人。換言之，故事有兆象不夠，還得要應驗，通常在筆記小說裡應驗是很重要的，多半都是基於回想尋找蛛絲馬跡，找出為什麼。其實，就類似敘事心理學在解釋自己人生圓滿的故事，把自己的人生故事用一種倒述性的創造說出來。

也許是因為卜者人生歷練豐富，所以有些卜者多半能相人的前後緣由。在《冷齋夜話》就提到一位劉跛子，在「京師新門張婆店三十年，日坐相國寺東廊」在店裡沒有人不認識他，也都是他認識的人，在鄉里逗的大家開懷，讀書人甚至贈詩送給他。

另外更有趣的，宋人文集有幾個例子以卜算協尋失蹤人、失物、失散多年的父親與母親。故事多半是有三個層次：挑戰、問卜、應驗。卜者總是說一個括約之詞，但奇怪的是問卜的人往往要等到有身份地位之後，才在尋找失散已久的家人。地方的巡守也會在案情撲朔迷離時，選擇問卜給予指示，這類的故事聽起來似乎都有一種「既視感」，好像是現代民間故事或新聞媒體也常聽到的故事。

其實，這正是為什麼宋代被標榜是現代文明的前身，因為今日許多中華文化的習慣，大多以宋代作為原型的延伸。

「卜算」從功用來說，它終結人的不確定感，雖然不是永久的止痛劑，但起碼可以是短暫的特效藥，從以上各類筆記歸納來說，「求得安心」是歷史上所見人類的共通性，也是為什麼卜算應運而生。

從上述宋代浩瀚的文集裡，我們看出卜算人士多半出沒在城市，在汴京城裡就有「數以萬計」的卜者。除此之外，卜者出沒在夜市、寺廟、瓦子的巷弄，有沿街呼喊賣卦的，也有在水路交通旁汴河賣卜的術士。當然也有雲遊四海的道士，還有馳名鄉里以醫卜為業的百姓，我們可以概括得出一種意象：我們總是看到士人批評著卜算的現象，但是在日常生活的批評底下，他們也關心著自己未來的命。有些人就很不能理解為什麼一個人會有看似「人格分裂」的樣貌。要解釋這個就必須回歸到「人性」在不同的場合，就會有不同的面貌。根據現代心理學的研究，環境氛圍對人的選擇影響至關重大。說白一點，人活在這世上要養生，「養生」吃的健康是其一，養生更意味著要找到自己好好生活的謀生之道，沒有就去培養，培養就會有技藝、有術。

因此，有句成語說「不學無術」，還有個解便是「不學，無術」，不學習就沒有累積，換言之，要有術（技藝）就必須透過學習。

從宋人卜算的生活中，他們靈活的依靠一技之長在世道間存活，包括利用士人贈與他們的詩作，與士人交遊提升自己的名氣。反之，士人需要卜算，在前途未卜時，賦予他們指示、信心，讓他們能夠耽溺在自己的夢中，畢竟作夢總是幸福的。

第五章

宋代如何看待精神的鬼神世界

魔羯座的蘇軾與鬼文化

就如同其他篇章所說，鬼在日常生活中，鬼塑造出的文化正因為有人的信仰，這類信仰並不需要大量閱讀高深難懂的專著，而是形成日常人倫生活間的基本常識。換言之，這類的常識便是種意象，是我們怎麼看待這個世界的現象，並且因文化風俗與地域上的差異，而有所不同。

蘇軾在《東坡志林》有一則〈辨附語〉，附語的意思是有鬼神憑依在人身上藉此說話。有一位男子遠行，想要趁機測試妻子對自己的感情程度如何，就將金釵藏在牆壁中，但卻忘記告訴妻子。旅行的途中染上疾病將死，便告訴僕人金釵的位置，讓他代為轉達，但後來意外的病癒。妻子在家中突然聽到空中自己丈夫的聲音，說：「我已經死了，怕你不相信，告訴你金釵在某處。」妻子取得金釵後，便認為男子已經死亡舉辦喪禮。後來丈夫回家後，妻子反倒以為丈夫是鬼。這類故事必然讓人先是驚嚇其後是歡喜，古人旅行常須賭上身家性命。從《水滸傳》略見宋代社會，不只是官場文化難解，旅途不只有人禍，就連行走在山中都有猛虎當前。

蘇軾記載鬼故事的文章，大多在牽連到王安石革新變法的「烏臺詩案」文字獄後所寫。蘇軾不只記載別人家遇鬼的趣聞，也記載一則我很喜歡的史料〈東坡昇仙〉：故事是蘇軾貶謫到黃州之後，當時曾鞏因在臨川守母喪而去死。便有人散布謠言說蘇軾也與曾鞏一樣死去，語說：「就像李賀死去那時一樣，上帝正召喚他。」

李賀的故事記載於李商隱寫的小傳，〈李長吉小傳〉大意如下：李賀將死的時候，白晝在自己房間忽然見到駕著赤色大龍的紅衣人，持的一書板寫著太古篆刻文字，說：「當召長吉（李賀）。」李賀雖然讀不了文字，卻能心通了解是什麼意思，立馬下床磕頭說：「阿母年老有病，我不願去。」紅衣人笑說：「上帝剛落成白玉樓，立即召喚你為白玉樓做文章，是天上差事，絕對不辛苦。」後李賀獨自哭泣不已，不久就呼應上帝召喚，氣絕身亡。蘇軾受貶謫時，盛傳受到「上帝感召」仙去，像這類的傳聞，就連皇帝本人也親自問同出自四川的蜀人，確定真假，並惋惜蘇軾之死。這情況不只一次，當蘇軾又貶官到海南時，京師出現小道消息說，蘇軾已經得道升天，乘小舟入海不再復返。

有次更聽到廣州來的朋友，說太守何述曾經見過蘇軾有一天突然消失無影無蹤，原來所在地方只剩下道服而已，其軀殼已經羽化升天。

這三則謠傳蘇軾的死亡訊息，包括蘇軾受上帝召喚、得道升天與羽化升天的元素，反映宋代政治鬥爭與死亡的想象，這些故事元素在現代的鬼故事裡仍舊存在，當然更重要的是「死亡」亦成為政治攻擊的一環，與現代社會媒體誤傳某人死亡後，出現本人自清的故事如出一轍。

蘇軾調侃自己與韓愈的命宮類似都是魔羯座，兩人魔羯座的個性受到人們排斥，所幸自身沒做什麼好事，也沒有壞事能夠傳千里，[1]所以那些說閒話的人，只能以死亡來說嘴。

另外，還有類似的故事，《東坡志林》多半記載於第二卷、第三卷〈異事〉裡。

有一則故事記載蘇軾喜歡挖寶，實在是有別於國文課本的蘇軾模樣。某年蘇軾母親與婢女正在熨衣服，突然宅中地板陷落，出現一個凹洞有數尺深，裡頭有一個大甕，上面覆蓋著黑色的木板。蘇母見到後，便急命人用土將洞填滿，此後一年常聽到地板下出現咳嗽聲，當時都認為是地板下的鬼物想要出來。之後，蘇軾遷居，表兄弟問到這件事情，想要掘土看看裡頭的東西，挖數尺後發現大甕已經不見。

故事還沒結束，蘇軾某任官，在雪晴後發現宅邸大柳樹旁的土墳起數寸，便認為地下藏著丹藥，想要自己動手挖寶。所幸，蘇軾的夫人立馬阻止他，拿出蘇母鎮壓蘇軾，說：「如果你母親看到這個，絕對不會挖掘。」語畢，蘇軾罷手，便回家寫文章紀錄這件事情。

顯然以上幾則蘇軾的故事，只能說死與幽冥世界在宋人菁英是日常。另外，蘇軾在海南時，聽過有李家處子死後兩日復活的事情，死人復生這類故事，吸引蘇軾的興趣，便與進士同僚去找他的父親問死後復生究竟是怎麼回事。故事有點類似，歷來入冥遊歷地府的套路，略述如下：

1 原文：無善聲以聞，無惡聲以揚。

剛開始昏昏暗暗的，好像有人帶領我到官府的幕僚面前。有人說，「這人抓錯了。」這時庭下有吏說：「那就暫且居留在這邊吧！」另一人說：「此人無罪，應該放還。」我見到的地獄在地底的洞穴裡，有隧道可供出入。被人繫住都是住在這裡的人，有許多僧人。……有人拿個飯食及錢財數千，說要給某個僧人。僧人乃分錢於看門者，看門者便持飯而入，將飯食分給繫在冥間的人。後來，有一僧人到，看到的人皆長跪作禮，僧人說：「此女可以差遣人速速送還。」送我回去的使者，用手撐開牆壁，進入後見到一條河，河上有舟船，便請我上船後，以手推舟，突然舟船一躍，我就驚醒了。

蘇軾記載這則故事的原因，認為這個僧人莫非就是人說的地藏王菩薩，因此記載這則故事，作為警醒後世之用。

故事中的情節大致不超乎現代人的想像，值得注意的是：⑴故事說地獄裡的官僚大多是僧人。⑵看門接受金錢後，會送飯食給獄囚。⑶有個地位尊貴的僧人，負責管理判決、下指示。⑷陰間與陽間之間隔著一條河。其中⑶所說的僧人，蘇軾認為應該是地藏王菩薩，這一點想來是宋代社會基本的認知。

宋人想像裡的冥界意象

宋人對地獄的想像，絕非貿然出現在宋朝，而是自古以來故事疊加的思想總和，因此有必要認識。

佛教傳入中國前，中國就有本土的地獄觀念，人死後形體歸於土，地下的幽冥世界有地下主。後來，北方出現信仰轉變，認為人死後會受到泰山府君管理，另一套系統是死去的亡魂，會跑到酆都大帝的手中，這兩套系統最遲在中國東漢已經是常民信仰。[2]

《左傳》及有：「不及黃泉，無相見。」黃泉指的是地下世界，宋玉在《楚辭．招魂》也曾經對死後恐怖的幽冥世界，描述的十分清楚。從出土漢墓、簡牘中，地下世界類似人間的官僚體制，就像曾經到臺灣海山地區考察的人類學家所述，冥間的官僚機制與人間世的制度互相輝映。

佛教傳入中國之後，地獄的說法不斷的再變化，主宰地獄的教主俗稱閻羅王。而佛教與道教之間，兩者不斷再爭奪死後世界的解釋權，最後在唐代地獄審判官十王成形，出現一部中國化的經典《佛說十王經》，當代學者陳登午先生《從人間到幽冥界：唐代的法制、社會與國家》，論述冥界的形成，非常推薦讀者閱讀。

古典佛經說的「七七」記載是：強調說人死後的階段是中陰身，需要歷經「七七」四十九天始能輪迴轉生。在這段期間，亡者家屬為亡者作法事祈福，這類思想在魏晉就已經在中國流傳。唐代時期發生的變化，修七齋與十王信仰結合在一起，十王僅有閻羅王是印度佛教的鬼神，其他都是本土冥界的鬼神。胡適就認為這是中國民間信仰與佛教地域觀念結合產生的混合民間信仰。

根據現存的《十王經》圖，可見圖畫的想像儼然與中國衙門的想像所差無幾，每個

2 顧炎武，《日知錄》，〈泰山治鬼〉。《後漢書。烏桓傳》：「其俗謂人死，則神遊赤山，如中國人死者魂歸岱（泰）山也。」

十王殿廳都有審判官，就像法官一樣。在旁有判官提供法律諮詢，和唐宋司法制度的「推司」相似，負責推問罪行，檢索法條，並且擬罪狀，上呈長官裁決。廳中擺設有業秤、業鏡，前者為衡量亡者善惡的比重，後者是能無所隱藏映照出眾生生前善惡行為的鏡子。

在冥界的地獄裡，原本幽冥教主是閻羅王，而在唐代中葉以後，地藏王菩薩以地獄救贖者的身份出現。原先地藏王菩薩的形象是站在地獄門口，告誡將入地獄的人，如何避免受苦的方法。文獻記載在唐代僧人法藏《華嚴經傳記》：

> 文明元年（六八四）京師人，姓王，失其名。既無戒行，曾不修善，因患致死，被二人引至地獄門前。見有一僧云是地藏菩薩。乃教王氏，誦一行偈。其文曰：「若人欲求知三世一切佛，應當如是觀，心造諸如來。」菩薩既授經文。謂之曰：「誦得此偈。能排地獄。」王氏盡誦，遂入見閻羅王，王問此人，有何功德。答云：「唯受持一四句偈，具如上說。」王遂放免，當誦此偈時，聲所及處，受苦人皆得解脱。王氏三日始蘇。憶持此偈。

本段故事有趣因得到地藏王偈文而受閻羅王赦免，並錄原文供讀者參考。大意是：文明元年（唐睿宗，六八四），有京師王姓人氏，無受任何戒行，也不曾修善事，因為患病而死亡，受兩人指引到地獄門前。地獄門前有一僧說是地藏王菩薩，教王氏口誦一行偈。在閻羅王審判時，因口誦地藏王菩薩的咒語，因而放回陽間復生。這句偈文聲所及之處，都能讓受苦眾生解脫。

另外，《太平廣記·僧齊之》也是一則入冥死後復甦的故事。[3]僧齊之因受告殺人，

3 《太平廣記·釋證二》原文：勝業寺僧齊之好交游貴人，頗曉醫術，而行多雜。天寶五載五月中病卒，二日而蘇。因移居東禪定寺，院中建一堂，極華飾，長座橫列等身像七軀。自此絕交游，精持戒。自言曰：「初死見錄至鬼王庭，見一段肉，臭爛在地。」王因問曰：「汝出家人，何因殺人。」齊之不知所對。」王曰：「汝何故杖殺寺家婢。」齊之方悟。先是寺中小僧何馬師與寺中青衣通，青衣後有異志。馬師怨之。因搆青衣於寺主。其青衣，不臧之人也，寺主亦素怨之。因衆僧堂食未散。召青衣對衆。且箠殺之。」齊之諫寺主曰：「出家之人，護身口意，戒律之制，造次不可違。而況集衆殺乎。馬師贊寺主。寺主大怒，不納齊之，遂箠朴交至，死於堂下。」故齊之悟王之問，乃言曰：「殺人者寺主，得罪者馬師，今何為見問。」王前臭肉，忽有聲曰：「齊之殺我。」王怒曰：「婢何不起而臥言。臭肉忽起為人，則所殺青衣。與齊之辯對數反，乃言曰：

受關押至下地府，後來才發現是場烏龍冤案，兇手另有其人。受閻羅王放回後，在地獄衙門上閻羅王旁邊有一僧一馬，待審判結束，王座旁的僧人追著他，說：「我是地藏王菩薩。」告訴僧齊之的福緣較少，生命即將結束，所以獨自追出來，告訴他只要回去後捨棄世俗事，住在閑靜的寺廟，造等身的佛像或彩繪，便能夠增福德。

這則故事其實默默說了一個很日常生活的觀念，為什麼僧齊之會受到冤案，乃至需要與鬼對簿公堂。故事闡明的是：⑴因為他的福緣太少，命且盡，所以鬼差才能緝拿他到地府。⑵真正的兇手寺主與僧人因為平日有積功德福報多與命數未盡，因此就連鬼差也無法任意捉拿。⑶地藏王菩薩的位置從上一則故事的門前，已到地獄判官閻羅王旁。其後，地藏王菩薩將會取代閻羅王成為真正的幽冥教主，這類的過程出現正是代表時代轉變，透過語言塑造的故事也隨之變化。

所以，地藏王菩薩在唐宋之際，已經出現在中國地獄的故事裡。這是受到《佛說地藏王菩薩經》與《地藏王菩薩本願經》兩本經書的廣泛流傳有關，這也是為何蘇軾聽到地獄有一僧人時，會聯想到地藏王菩薩。

特別是學者從敦煌出土的文書發現不少《佛說地藏王菩薩經》，經文裡就很清楚說明，地藏王菩薩因為「不忍」在地獄受苦的眾生所以跑到地獄與閻羅王共處一事，在旁聽閻羅王判案，就怕眾生在地獄受苦，出地獄遲了。

至於為何地藏王菩薩要到地獄與閻羅王同在一個廳堂呢？至少經文提出四個原因：一是怕閻羅王斷罪不公平；二是恐案情交錯；三是怕眾生罪還不至死；四是恐怕眾生受到冤獄。這四項成為地藏王菩薩干涉地獄司法的理由。因此，中唐以後透過經文傳播走向地獄，地藏王菩薩於五代至宋代之間成為十殿閻王的教主。

每逢清明祭拜先祖，許多宗教祭祀場所總會祭拜地藏王菩薩，一方面當然源自於地藏

「當死時，楚痛悶亂，但聞旁有勸殺之聲，疑是齊之，所以訴之。」王曰：「追寺主。」階吏曰：「福多不可追。」曰：「追馬師。」吏曰：「馬師命未盡。」王曰：「且收青衣，放齊之。」初齊之入，見王座有一僧一馬。及門，僧亦出，齊之禮謁。僧曰：「吾地藏菩薩也。汝緣福少，命且盡。所以獨追。今可堅持僧戒，舍汝俗事，住閒靜寺，造等身像七軀。如不能得錢，彩畫亦得。」齊之既蘇，遂乃從其言焉。

王菩薩誓言「地獄不空誓不成佛」的宏願，另一方面地藏王菩薩的演變是佛教中國化的經典《十王經》、《佛說地藏王菩薩經》等等在士人菁英及民間信仰廣泛流傳的功效。

上述經文特別提到增福德的方法，仍可略見於臺灣社會的流行。例如經文提及凡是造佛像、抄寫經文、念地藏經以及地藏王菩薩名號的人，此人就必定能夠往生到西方極樂世界到阿彌陀佛面前，許多臺灣的信徒仍秉持著這樣的想法。

然而，臺灣民間習俗也有自己的變化，臺灣家庭廳堂少數仍有安置神明桌，有些家庭便會將《地藏王菩薩本願經》及《佛說地藏王菩薩經》作為驅邪、安宅之用。在筆者家中最常聽聞長輩或是鄰里，常提及不可以任意誦《地藏經》，因為會容易招惹孤魂野鬼前來聽經說法，造成家庭的不安寧。另一項臺灣社會仍然有許多人，依照千年傳播的傳統抄寫經文做功德迴向，特別是這些善書，都能在大部分的佛寺取得，這反映信仰深入人心的力量是不可忽視的。

特別值得一提，宋人很有趣的將當代的人置入冥府的想像，宋人范仲淹就被視為冥府裡的閻羅王。

根據宋人龔明之，《中吳紀聞》〈范文正為閻羅王〉說了一則故事：有位曾王父死後，到五七這一天，曾母在前晚夢見自己丈夫回家，請她趕緊打開衣櫃，取新衣裳給他。曾母覺得奇怪，問說：「怎麼那麼倉促？」曾父說：「因為明天要去見范文正。」曾母說：「范文正為什麼還在冥間？」曾父說：「范文正本來就是天人，掌管生死之權。」一覺醒來之後，想來佛書曾經說過五七要去見閻羅王，而這樣「我做了一個夢」的譬喻故事，說明曾公五七所要見的幽冥教主便是范仲淹，並認為范仲淹任職冥間是由於他的「聰明、正直」。

從這則筆記故事，可以給我們三個想像：一個是它不諱言的指出宋人相信死去的先人再做七法會前可能會作夢，告訴陽世子孫所需要的東西。第二點是，人死後無論是魂歸泰山府君或是接引到西方世界，可能都須經歷地府的審判。第三點是，故事中做五七應非是特例，而是做七的概念已經深入民間。而從宋人的記載，在冥司擔任閻羅王的包拯、寇準兩人，究竟誰能夠職掌冥司，最後，其實還是有賴於大眾的小道消息不斷積累而成。

一切都為了香火

宋代的故事有許多都是非常聰明的鬼，他們因為伶仃無所歸，所以有些聰明的鬼，便會假裝是亡者向家人討功德或香火。宋代的社會即便學者稱已經具有現代社會的雛型，擁有發達的科技，發明紙、羅盤、印刷術，還包括大型公共建設運河系統，及專業化人士等各式的發明出現。但凡離家出遊、遊宦出使等離開城市，仍然面對著生死之交，在廣土眾民的中國土地上，人心向背一不小心就是咫尺天涯，但凡人生相見、親人團聚，因政治、戰爭、瘟疫等因素，人與人之間的離別也是常態。

距離感更是塑造人生死的不確定性，因此「假冒的鬼」便能夠上下其手，獲取自己的利益。

劉祥光先生就曾研究過《夷堅志》裡許多「假冒的鬼」案例，例如：本書曾引過宋室南渡之後，士人從北方買一位從北方來的妾，因為戰亂流離失所，妾與家人斷了音訊。鬼賄絡土地神，讓他進門憑依在妾身上，假稱是妾的父親，希望能夠討到祭祀。

另一則有名的故事，宋人張邦昌（一〇八一——一一二七）出使高麗途中，出行十天在寧波商業繁榮的地方卻傳出使節船，半途沉沒。原來當時張邦昌出行前將自己最喜歡的琴與書籍，寄放在好友家中，突然有天友人家中女奴得病不省人事，說是張邦昌的魂魄附身，交待友人處理自己的遺物。友人一聽為之哭奠，這件事傳到朝廷菁英，讓許多人悲痛萬分，都認為使節團發生船難。直到出使團回國之後，才發現這件事為「黠鬼」騙了。

從宋代故事的類型，會發現一件有趣的現象，凡是發生這類誤傳的消息、意外的性關係等，宋代的讀書人總會說是跟「鬼」有關係，鬼似乎就扮演了日常生活鬧劇的遮羞布。「鬼」會捉弄人與戲弄旅途的行者、鬼也會作祟讓人生病。

聰明的鬼是黠鬼，就跟人一樣的鬼靈精怪。上一則故事，鬼祟人是為了「討祭祀」，「討祭祀」說穿了就是希望有香火祭拜，如同臺灣是移民社會，因為族群間的械鬥、宗教衝突以及政權轉移等因素，出現許多無後代可以供養的孤魂野鬼，孤魂野鬼若不好好對待，他們就會作祟，向人「討東西」。所以出現許多有應公、姑娘廟等祠堂。

另一則故事《夷堅志》〈詹小哥〉，故事有一位詹小哥因為欠了賭債，害怕家人責罰，所以就跑路很久沒有回家。

正巧母親作夢所見及卜算的結果都是不祥，便以為詹小哥已經死亡。盂蘭盆節時，詹家備妥紙錢焚燒，求取徵兆。這時詹氏聽到門外一聲嘆息。詹氏內心一驚認為這聲嘆息是兒子小哥在門口徘徊，便呼紙錢，祝祭說：「如果你真的是我兒子，就將此紙錢取出，我就能確定是你，就會幫助你打理到冥間的事物。」

這情節彷彿電影中的靈異追緝，母子之間有所感應。故事裡詹母因為作夢、卜算的結果皆為不吉利，所以認為自己的兒子已經不幸離開人世。

對宋人來說，「死後為鬼」的概念當無疑在他們的腦海裡，所以詹氏在盂蘭盆節時焚燒紙錢，聽聞嘆息聲便認為可能是自己的兒子。

詹母會出現這份懷疑，可能與宋代節慶盂蘭盆節，這類的佛教生活已經融合在日常生活有關。許多國外的學者，找不到究竟中華文化的人們到底信仰什麼宗教？對廣義的西方世界來說，基督教、天主教、猶太教等教派，因為理念不同已造成許多的衝突，但中華文化底下的人民不見得有非常固定的信仰。信仰隨著不同區域，就會有不同的變化，就像《易經》卜算所論及的陰陽之間變化不斷，永遠無法真正的預測未來。

而為什麼說故事裡詹母對盂蘭盆節的認知，與詹小哥的死非常重要呢？說到盂蘭節，臺灣普遍會說是中元普渡，佛家通常說是盂蘭節，最重要的是依靠佛的慈悲與願力，不只是餵養地獄的孤魂，也是施食處在十方的孤魂野鬼。更特別的是，從這則故事推測宋人的意象裡，盂蘭盆節是死者能夠返家的時候，換言之，這個時候祖先、家中的鬼，會利用盂蘭盆節返回家中探視親人。

所以，詹母才會順理成章的認為嘆息聲是鬼物，是自己死去的兒子發出的靈界訊息。而推測必須要有所憑據，詹母第二步推測，則是請求鬼給予徵兆，所以向天祝祭說：「若外頭的鬼是兒子小哥，就必須要再給一個徵兆，取自己手中的紙錢。」霎時來的一陣風，也許是吹走了幾張紙錢，外加門外顯現出一個像人的身影，這一連三次求證，讓詹母與大兒子忍不住痛哭失聲，確認自己的兒子小哥已經不在人世了，便放聲的大哭。

從關係學的角度來看，為人母親縱使自己的兒子背離自己的期望，但終於母子之情難忘。生時見人，死時見屍，一個人莫名的消失在自己身旁，撐到盂蘭盆節時，想必母親內心壓力早已不堪。正因盂蘭節有親人返家，歸家祭祖等團聚的概念，所以詹母的反應除了是情緒上的宣洩外，更是讓自己在心裡有個「打算」。

這「打算」是準備接受自己的兒子已經離開人世，不再報有任何他還活著的希望。詹母與大兒子利用節慶作為分界線，確認小哥從生入死。一般而言，慶典是聚族的時間及宗教學上重生的意思，因此這一天小哥的缺席，從這個意義來說即是死亡。死亡，又須有徵兆，所以盂蘭盆節正是舞台，讓這不生不死的模糊地帶消失。同時，也是經由節慶讓還活在世界上的生者，能夠繼續好好的過自己的生活。

因此，詹母與小哥的兄長立刻尋找僧眾誦經，在盂蘭節這天拔度成為孤魂的小哥，這也意味著盂蘭盆節當日從冥間回來的鬼魂，終於要回到冥間，故要透過僧眾作法會，拔度孤魂。

「拔」便是把某人從某個地方拉上來，是由下而上的動態變化，從此可知詹母他們的腦海裡，小哥的孤魂已落入地獄，需要透過誦經迴向，才能夠得到解脫。

但故事卻總是充滿意外，幾個月後辦完喪禮，離開人世的小哥突然回到家裡，家人看了吃驚，大哥說：「是鬼！」便提刀便要砍去，幸虧二哥抱住大哥，再往前細看，問他的生死來歷，才知道小哥因為欠錢，怕被亂棍杖罰，所以離家出走到別人家做幫傭。

這時候眾人才認為之前是受鬼欺騙，他的目的是要討僧眾經文超度，祈求佛事。由此宋人看待死後世界的想法，可見端倪。死，是到幽冥世界，他們需要佛事、香火的引渡，才能到理想的死後國度。

宋人的腦袋有「地獄」

宋代人士對地獄的意象，是唐宋時期出現的《十王經》，地獄的冥間教主從原本的閻羅王到十殿閻羅王的信仰，人死後俗稱為「中陰身」，它反映著你生前業報的總和。死亡與轉世再生的過程中，經文認為亡者每七天就有機會轉生投胎，仍活在世上的陽世子孫便有機會作法會迴向死者，讓亡者早日超度轉生，勿彌留人間。

這概念的原型是唐代《佛說預修十王生七經》，在宋人的意象裡應是流行的概念，直至今日臺灣「七七法會」仍然存在大眾的腦海。

在唐宋時期從印度傳進「目蓮救母」的故事，也是戲劇常見的故事。目蓮即使本領已經是神通廣大，卻無法成功獨闖地獄。最後憑藉十方僧眾及佛陀的願力，順利救出在地獄受苦的母親，這故事也意味僧人團體與眾生的互助合作是密不可分的。

唐宋時期目蓮救母的故事廣泛流傳，因為與中國儒家孝道的思想貼切。另一方面，也能夠有效解決出家人不孝的問題，解決儒家批評遁入空門的佛弟子與自己的親人斷開聯繫。反而是宣傳了另一種說法，僧眾可藉由信仰、善舉的功德，迴向給親人償還罪惡，解救冥間受苦的親人。

從宋人孟元老《東京夢華錄》卷八記載一條〈中元節〉，可知道中元節前的樣貌，「先數日，市井賣冥器靴鞋、幞頭帽子、金犀假帶、五彩衣服。以紙糊架子盤遊出賣。」許多祭祀祖先、鬼的冥間日常用品都出現的市場上，家家戶戶開始手工紙糊架子準備到市場，賺一波冥間的生意。

南宋《夢粱錄》：「七月十五日，一應大小僧尼寺院設齋解制，謂之法歲周圓之日。其日，宗親貴家有力者，於家設醮飯僧薦悼，或拔孤魂。僧寺亦於此日建盂蘭盆會，率施主錢米，與之薦亡。」這裡面說的是汴京生活的記憶，大小僧寺供應齋飯，讓人飲食。家族有財力的宗親，會在家中設醮，請僧侶超度孤魂，設置布施。

另外，盂蘭盆從原本佛家節日的意義，在宋代以後也轉變成「普渡眾生」的概念。

臺灣民間聽到普渡，通常都是指農曆七月十五日普渡孤魂野鬼的節日，俗稱普渡「好兄弟」。

但是普渡的意思，有更加積極的意思。普渡不只是說農曆七月十五「中元普渡」，而是普渡陰間眾魂之外，更重要的是普渡在日常生活中的大眾，讓大眾皈依佛教，也能夠受到佛力的普渡。

而臺灣民俗中的「中元、普渡」，其實這至少是兩個宗教系統的混合，道教有三官大地負責掌管天官、地官、水官，三元節便是他們的聖誕日。三元節，上元節天官賜福、中元節地官赦罪、下元節水官解厄，中元便是地官的誕辰，由地官負責赦免人生的罪惡，歷經時代變遷與今日佛家普渡孤魂野鬼的施食儀式結合，成為臺灣當代的中元普渡。

好好去死，宋代市場競爭下的死亡儀式

慶曆八年（一〇四八）仁宗在京師普安寺設水陸道場，度化陣亡的將士。歷史上與王安石君臣相合的宋神宗，在熙寧六年（一〇七三）因平定甘肅一代戰役，戰役死傷人數慘重，據史料記載：朝廷派遣宮內的太監到現場協助撈取河流上的骨骸掩埋。

最後神宗皇帝下詔：「熙河一路，自從用兵作戰以來，誅殺萬數，皆暴屍野外，遊魂無依。朝廷視四海為子民，也感到哀矜。將派遣中央官員前往埋葬弔唁，因此設水陸齋，為死者營福。」水陸齋便是水陸法會，就官方資料記載當發生死傷慘重戰役之後，面對屍橫遍野處境的皇帝也需要照顧帝國底下子民的靈魂，同時安撫生者。

這類故事在《夷堅志》顯示生不容易，死也不容易，處理生死的命題已經是人所不想

面對的。人的一輩子必然會面對到死亡，面對死亡像西方哲學家蘇格拉底視死若生，認為追求智慧與不朽是人生為人的最高榮耀，這樣的思維並非人人都可達到，如此超凡入聖。

一般凡夫俗子面對死亡很難超脫恐懼。究竟死後有知抑或死後無知這問題需要留給宗教，「如何處理死亡」若說成是市場需求，各個宗教就是為了符合當代需求，選擇有利於己的商品，協處人世間的人們處理死亡議題。

《論語》孔子所說的：「未知生，焉知死」，顯然讀書人心裡誦念著是一套，但是實際行為又不見得如此。處理死有禮法在，如果不好好埋葬祖先，祖先就會作祟。宋人認為生與死之間，是不能隨意跨越擾亂秩序的，即使身前是官員，也應該在入土為安。

《夷堅志》透露出來有死亡世界的訊息多半是男生，而女生多半與情感關係、重生問題有關。〈阮公明〉是鬼去拜訪舊友。故事就提到其實日常生活的鬼無所不在，城市裡鬼的模樣有兩種：

(1) 繫上黃巾包裹著肚子

(2) 走路低頭匍匐。

鬼隨其貴賤，各私其職就像是人類的社會。身份地位比較高的鬼，白天時候就可以外出，晚上被關著。人在陽間有既定的壽命，陰間也照著這個而來，如果你比預計的壽命先死，因陽壽未盡即是是地府也不受理。然而，宗教儀式就有作用，因為故事說水陸道場可以減去在陰間受苦六七年的時間，提早轉世投胎。顯然的法會的目的，就像是遊戲世界裡的作弊金手指，可打破現狀的困境，得到超度或是投胎。這是很重要的，這類故事表達說鬼需要超度，而水陸道場、水陸齋是常見的科儀。

宋人的黃籙齋法會

開始說宋代的黃籙齋之前，我先提另一則死後復生的故事。

《夷堅志》記載一則〈蔡侍郎〉的故事，蔡侍郎死後，他的晚輩不久也受到陰兵逮捕到了冥間，三日後才甦醒。甦醒後趕緊告訴蔡侍郎的妻子，說蔡侍郎請妻子協助做功德拯救在陰間受苦的他。故事說明，因為去年蔡侍郎誅殺五百位投降的賊人，因此在地獄受刑，全身帶上枷具，受地獄小卒以血桶灌頂，在地獄哀號痛苦萬分。

因此，看見熟識晚輩時，便趕緊請託他的家人做功德。宋代筆記故事死後復生的故事，多半是冥司的兵卒錯抓人犯，對簿公堂後要不發現無罪放回，或是因為積功德比較多，所以功過相抵，這是很常見的事情。故事最後妻子協助做「黃籙醮」拯救自己的丈夫。

為何要討論黃籙醮呢？這是因為現代臺灣科儀裡，我們也可見到這個儀式。宋代延請道士做黃籙醮似乎成為一個流行，而這個儀式是屬於大型的法會，所以通常能夠「作醮」的主事者有相當的身分地位，可能是來自政府的意思、在地菁英、富商等，他們才有地位及財力辦理法會。

宋代的黃籙醮來自於唐末道士杜光庭《太上黃籙齋儀》的彙編。根據臺灣學者劉枝萬的〈修齋考〉，黃籙齋多半用來消災、祈福使用。

《說郛》卷六十六，杜光庭〈洞天福地記〉記載：「國家保安宗社，修金籙齋，設羅天醮，祈恩請福，謝過消災，投金龍玉簡於天下名山洞府。」可以為證。

〈黃法師醮〉裡提供另一則有趣的入冥故事，故事是北宋的官員魏良臣子叔介，母親趙氏過世，家人延請法師做黃籙醮法事。在法事中叔介受鬼附身，甦醒後當晚便有異夢。夢中神祇提到天上、人間、地下三界各有其不同體例。

神祇指出人世間法師作醮的錯誤，會造成法術失靈。並指明該如何處理，神祇提及人間世做水陸法會，常請地府崔、李判官兩人，但地府皆無姓，不若直稱第幾司、幾案判官即可。其次，提到搭法會帳棚時，必不能太小，否則神祇無法到現場只能在壇上聽消息。

特別的是，神祇會關注法會上是誰邀請他們共同參與，故事中神祇提到「一看三清，二看法師至誠」，只要這兩點有做到即便供品是一碗菜湯也會上奏。

這場「黃籙醮」法會當中，叔介醒後按照神祇指出錯誤改正。包括帳棚儀式排法錯誤、左右有穢物、道士的衣服不乾淨、負水的人身體腥穢，甚至有小孩來到法壇前嬉戲。這類的錯誤，不但會使得拔苦的儀式失效，反而會觸怒神祇為身在冥間的親人加罪。最後，叔介醒後告訴眾人這件事情，官員魏良臣便將這件事情記錄下來。

顯然的，宋代民間的儀式要有效還得要做對某些神祇重視的指令，這段記載正提供給我們一種想像。另外，這筆黃籙醮的故事也順道攻擊佛教水陸法會，對冥間認識的錯誤，也藉此看出佛、道之間的競爭。

至於究竟是為了什麼宋代會重新修訂「黃籙齋」法會？前文曾經提到儒、釋、道三教是宋代政教關係的三足鼎。宋代第三任帝王宋真宗，更是可能來自於澶淵之盟的失落感，轉而以製造天書降臨世上，重新找回自己對帝國的自信心。

但從眾多學者的研究都提到宋代開疆闢地，面對多元國際體系下，宋帝國與草原遊牧國家戰事頻仍，死傷慘重。因此，從透過科儀安撫人心的角度，黃籙齋自然有其需要。

劉祥光先生〈水陸法會、黃籙齋與送亡儀式的競爭〉就舉出許多史料，地方官以黃籙齋超度「死於兵亂、水旱、疫情的將士與百姓」這類活動一直延續到南宋末年。像是詩人陸游任官時，以黃籙齋主要用於祈求作物豐收、祈求晴朗或是超度受到盜賊殺害的人民。在民間有許多士人也利用黃籙齋為親人作超度法會，例如魏良臣的故事就是如此。

宋代水陸法會

學者劉祥光先生就認為「水陸道場」這個名字可能是五代至北宋之間出現的名字。北宋楊鍔重新整理水陸法會儀軌，但起初只在四川區域流行，同樣出身四川的蘇軾，也曾經用水陸法會悼念亡故的妻子。

宋代以黃籙齋與水陸法會度化亡靈，需要大型儀式就像是這整個社會出現的問題，這現象反映兩宋之間戰亂、瘟疫、水旱災等民間出現大量的死亡。

朝廷為安撫人心的恐懼、害怕及對死魂的威脅感，因此，因應時代產生的儀式作用便是讓人能夠放心，相關的儀式資料很多，但不需要全部列舉。

當時對佛教批評力道甚強的司馬光，《司馬氏書儀》就說：

> 世俗信浮屠誑誘（欺騙），于始死及七七日、百日、期年，稱期除喪，飯

僧設道場，或作水陸大會，寫經造像，修建塔廟，云爲死者滅彌天罪惡，必生天堂，受種種快樂；不爲者必入地獄，剉燒舂磨，受無邊波吒（責難）之苦。

作為士人司馬光不齒眾人受到佛教的創造「欺騙」，並反對人死後有七七四九日，需要作百日、期年等，必須做水陸法會，抄寫經文造佛像，修建佛塔，這樣才能為死者減罪，讓人上天堂享受快樂。

他提出很有力的反論說，⑴若做上述的事情就能夠減罪，甚至認為在親人死後需要賄賂佛家才能免刑，這不是把親人都當作「積惡有罪之小人」。⑵反對人為了舉辦法會，「甚者至有傾家破產然後已」。⑶如果天堂、地獄都存在，那為什麼過去死而復生的人，沒有一個人說過自己遇到十殿閻羅王。

顯然的我們可以看見司馬光作為學者，實在太認真「計較」。但從司馬光的小考究，我們可以發現，他不希望遵從的原因是：他認為佛教做七法事等是「流行」的新文化，而非過去古書所論喪葬的禮儀。換言之，司馬光的態度間接告訴我們宋代的流行趨勢，宋人相信天堂、地獄，能夠透過抄寫經文、造佛像得到功德。

重點是功德能夠庇應自己，也能夠迴向家人。

而後宋代天臺宗慈雲遵式繼續推廣水陸法會，同時也改進儀軌以及作相關問答回應宋代儒學菁英份子的疑問。當然，宋人對冥間的想像早就已經存在地獄的觀念，正因為在探討人死後會去那裡？

活著的生者，面對自己至親、故友死亡，正手足無措時，對人來說只是單單的埋葬、哭喪似乎不夠。正因為哀憐亡者，擔心死去的人因為累世的因緣、業力，死後仍在受苦。在這樣內心掙扎的情懷下，宗教就有機會介入，讓人過得更好。

即使，有宋代理學家對陰陽、死亡有其他想法，認為用宗教來理解死亡並非最佳解答。但試問是否人人都是能入世、探究事實的理學家呢？答案是否定的。

南宋理學家陳淳《北溪字義》討論鬼神時，就認為鬼神都是人之一氣，陽者稱為神，是氣向外延伸；陰者稱為鬼，屈向內，鬼神便是氣之往返的交接地帶。即是古文說：「仁者，陰陽之交，鬼神之會。」萬事萬物皆有陰陽，短則在寤寐之間，長則是人從青壯年到老年，都是陰陽。

《夷堅志》〈滄浪亭〉就提到北方士大夫之家的池塘，每到晚上月夜，皆會遇到數百鬼出沒在池塘邊嘆息。這類「嘆息」宋人多半認為這代表的是鬼，最後這主人家打撈出湖中所有的屍骨後，掩埋在高處，請僧人做水陸齋，從此之後就沒有再發生怪事情。

宋代的筆記故事裡，就出現許多有關水陸法會的故事，甚至與遵式所寫的儀軌〈施食法式〉相當類似，這也讓人有個想像，水陸法會就像是亡者的嘉年華會，在這場宴會裡，他們能夠得到救贖、食物，即使在旁聽聞功德，也可以讓自己離苦得樂，不再繼續遊蕩在人間世。

而我們也說過一般人，辦不起如此昂貴的法會。因此，許多鬼求人協助聽聞法會時，並不見得要個人掏錢耗費巨資，而是出些微的錢財幫鬼立牌位，有正式牌位、在法會中有名字，就能夠升天。在臺灣佛教管理亡者公墳或是私人寶塔，都有這樣的儀式，清明節、中元普渡時，到塔位前祭拜先人時，只需要向登記處辦理報到手續，就能夠將親人的姓名、牌位放入法會裡聽經頌法，或是請出親屬的圖像，抒發擬物思人。

「阿彌陀佛」往生彌勒淨土

唐代善導大師回答一個極難的挑戰說：憑什麼一般人，念佛號也可以到阿彌陀佛淨土。大師就是大師，面對問難他說：「正由託佛願，以作強緣。」正是因為阿彌陀佛，意思為無量光、無量壽。乘著他的願力讓眾生可以往生彌勒淨土。考究其三大願分別是：

(1)設我得佛，十方眾生至心信樂，欲生我國，乃至十念，若不生者，不取正覺。唯除五逆、毀謗正法。

(2)設我得佛，十方眾生發菩提心、修諸功德，至心發願欲生我國。臨壽終時，假令不與大眾圍遶現其人前者，不取正覺。

(3)設我得佛，十方眾生聞我名號，繫念我國，植眾德本，至心迴向，欲生我國，不果遂者，不取正覺。

這段佛經看似很恐怖，非研讀佛典或是佛家信眾，一定覺得自己怎麼在閱讀佛經了。但其實我只是讓大家明白阿彌陀佛，現身說法想要進入彌勒淨土的人，最重要的就是帶著「信」，凡是相信它存在，阿彌陀佛就會引領你。第二段比起前文不只要「信」，還要發菩提心。什麼是菩提心呢？在念佛的經驗，眾人必然聽過「阿耨多羅三藐三菩提心」，這句聽完之後，肯定還是沒人知道是什麼。用最簡單的話來說，就是「立志」，抱著一顆立志向學的心。因此，想要往生淨土的人，只要不斷念著阿彌陀佛的佛號，就能受往生淨土。說到底，其中想入極樂淨土，最重要的是自己是不是「至心」也想。

上文宋人遵式製作許多儀軌，在他的著作《誓生西方記》重新推崇念佛的重要性，遵式他與許多士大夫關係密切，同時他製作的儀軌對後世影響非常大。

遵式強調「十念」的重要性，這是一種呼氣的方法。他認為每日清晨，張羅好自己的服侍之後，面向西方「正立合掌，連聲稱阿彌陀佛。盡氣為一念，如是十氣名為十念。」

換言之，就是一口氣是一念，連續不間斷念十口氣，就是十念。這是一種訓練法，我想也會讓修行人有更好的肺活量。

遵式提到只要不是犯佛教五逆罪，像是殺父、殺母、殺阿羅漢、出佛身血、破和合僧等，無論你的罪行多重，念阿彌陀佛只要你相信他一日便有功德可以到極樂淨土。更何況平日修持法門辛勤的修行人。

同時身為宋人的社會，也反對社會「風俗競祭鬼神」，風俗包括社會殺人祭鬼的風氣，不如發願念阿彌陀佛就可以有諸多好處。從市場角度來看，遵式也提出念阿彌陀佛的好處：

> 一者，晝夜常得一切諸天大力神將，河沙眷屬隱形守護。
>
> 二者，常得二十五大菩薩，如觀世音等，及一切菩薩常隨守護。
>
> 三者，常爲十方諸佛，晝夜護念阿彌陀佛，常放光明，攝受此人。
>
> 四者，一切惡鬼，若夜叉，若羅刹，皆不能害一切毒虵、毒龍、毒藥，悉不

能中。

五者，一切，火難、水難、冤、賊、刀箭、牢獄、枷杻、橫死、枉死，悉皆不受。

六者，先所作罪，皆得消滅，所殺冤命，彼蒙解脱，更無執對。

七者，夜夢正直，或復夢見阿彌陀佛，勝妙色像。

八者，心常歡喜，顏色光澤，氣力充盛，所作吉利。

九者，常爲一切世間人民，恭敬供養，歡喜禮拜，猶如敬佛。

十者，命終之時，心無怖畏，正念歡喜現前，得見阿彌陀佛，及諸聖眾持金蓮臺接引往生西方淨土，盡未來際，受勝妙樂。

從第一點到第六點這都反映宋代日常社會可能會遇到情形，遵式的意思是念佛可以「趨吉避凶」。第八點至第十點則是除個人心情歡喜，氣力充足外，你在日常生活中都會受到許多的供養與協助，最後也是最重要的一點是：往生的時候會見到阿彌陀佛，以及其他諸聖先賢持著金蓮花臺接引你到西方極樂淨土。

遵式所提出的這些論點，在鄉里談話以及城市人的腦海裡還存在，這也表明我們可以從「過去」理解「當代」，但不意味我認為古今都具有整體的連續性，而是文化的轉移與殘留，總是會在民間思想上保存下來。

至於死亡這是一件永遠令人著迷又不解的一件事情。著迷的是死後的世界，我們只透過可能死過的人，或者生人的感官知覺去描述他所看到的，畢竟還是難以進入驗證。因為當我們驗證究竟死後會去哪裡，往往我們也無法再用世界的語言傳達。最後我們也只能透過可能的隻字片語去猜測可能的「死亡世界」，而活著的人面對他人的死亡，《論語》的給我們的啟示，「生，事之以禮；死，葬之以禮，祭之以禮」，選擇一個讓我們自己內心安定的儀式，就是最好的儀式。[4]

4 本章有賴於許多學者對於筆記與宗教現象的辛勤的研究，筆者只能奮力閱讀之際，還望沒有錯讀，或誤寫嚴謹的觀點，若有一切疏失討論不詳盡，都是筆者自己的責任。在本書後頭會羅列相關參考書目，讓有興趣的讀者按圖索驥。

第六章

宋代到今日 宗教社會的縮影

西方傳教士對中國風水的看法

宋人陳淳說：「天地間無物不具陰陽，陰陽無所不在，則鬼神亦無所不有。」意思是到處都有陰陽，陰陽之間就有人、有鬼，也有神。在理解古代鬼神時，要理解他們腦袋的儒家思維。

《禮運》說：「明則有禮樂，幽則有鬼神。」幽明之間也就是人間世與鬼神界。

孔子說：「吾不與祭，如不祭。」這些重點就是「誠意」。「誠意」是什麼？有誠意就有「神」，精神聚就會有神，所以祭祀時候最重視的是「祭者之精神亦聚」。

特別是陳淳說：「人與天地萬物，皆是兩間公共一個氣。子孫與祖宗，又是就公共一氣中有個脈絡相關系。」後來人類學者桑高仁在臺灣調查時也出現這項的思想，令人感到

很驚訝，宋人讀書人的想法在歷經流傳之後成為臺灣民間習俗。

臺北的行天宮或是萬華龍山寺旁，各攤卜算有些寫著鐵口直斷，或見到來人就喊著「來、來」、「人客要不要改運」，臺灣夜市、地下街還有測字攤位、鳥卦等算命攤位，好似在吳自牧《夢粱錄》裡頭的臨安，街頭賣卦的時運先生，喊著「時來運轉，買莊田，取老婆」。

大稻埕一帶有許多人到城隍廟求靈簽，在廟旁還有各式看相、卜卦、星象占卜，往來的人就像香客一樣絡繹不絕。人類想要住在好的地方，也會選擇風水，關心墓葬對自己的影響。就像研究螞蟻的生物學家，他就認為人有個共通性：希望住在高處、離水源近及容易獲取食物的地方。

自宋代以來，隨著商業的繁盛與印刷技術的出現，專業卜算、風水先生成為士人送生往死不可或缺的職業人士，同時宋代興盛的佛教、道教也在各自的領域爭奪死亡的市場。同時，讀書人也將自己的命運，寄託在宗教上，祈求神啟、異夢、祥瑞等吉兆，希望能一舉登科，這些社會現象就反映在士人求卜、求好風水的理念之中。

許多本書所提到的故事，也出現在伊能嘉矩編纂的《臺灣文化誌》的風俗故事、民間信仰，那些宋代流傳下來的故事，成為我們日常生活中不起眼的觀念。

我們把眼光拉當西方遇到東方的時候，他們怎麼看待中華文化體系下的風水。最著名傳教士利馬竇，曾在《利馬竇中國札記》記載與中國風水相關的文化。他說非常關注他們出生的時辰，因為這與他們終生幸福有關。各地也出現許多算命先生，他們懂著星象或是操弄數字，有些算命術士可以依靠這個行業維持一家人的生計。這一點觀察與宋代士人筆記所說的就很類似。

西班牙人門多薩《中華大帝國史》也說這個國家百姓不只是迷信，他們還是大占卜者和算命者。相關的記載劉祥光先生書裡討論〈算命文化的轉折〉還有許多故事以及案例，可供參考。

十九世紀後西方傳教士帶著實證主義、科學主義、基督宗教的使命潮襲捲世界。對於屬於傳統漢文化的「風水」，保持著迷信的標籤，近代東方的落寞，讓中華文化的風俗成為落後的象徵。

十九世紀後期，隨著貿易航線的開通。西方傳教士、官員來到臺灣。傳教士看待傳統漢人社會的風水、宗教民俗時，也多抱持著遲疑的態度。馬偕在《福爾摩莎紀事：馬偕臺灣回憶錄》認為：

一般人認爲風水和無數事情的好壞運都有關係，所以，像是認爲地上和空中都有其平衡或一種難以解說的東西，不可隨意破壞。新教堂的牆只要建得高出臨近的房子幾呎高，就必將引起鄰居們的憤怒和惶恐，因爲這樣是破壞了風水。外國人因依著他們的方式做他們的工作，以致在無意中，不斷的破壞當地人的風水。

上述文字，可知馬偕將臺灣人深信的風水禁忌視為一種「迷信」。巴克禮的著作也指出臺灣社會常花大錢去從事風水墳穴的諮詢、婚喪喜慶擇日等「迷信」行為，導致逐漸陷入貧窮的困境，卻仍執迷不悟。

一八九五年來臺宣教的英國長老教會牧師梅監霧，也提到臺灣民間的迷信行為十分盛行，如憂懼於陽宅整修、床位移動、爐灶設置或地面挖洞、牆上打釘等行為，惟恐觸怒地靈而招致不測。為了趨吉避凶，舉凡遷宅或喪葬等事宜，皆需諮詢專業人士來擇定佳地與吉日，以彌補內心深處的不確定感，蘊含濃厚的功利主義色彩。

十九世紀末二十世紀初，在彰化傳教的西班牙籍道明會白若瑟神父在其著作中，也宣稱臺灣居民受到中國傳統風水迷信影響。因而相信臺灣地理龍脈來自福州五地門的說法。此外，日常生活中漢人的生活，更仰賴風水師協助他們擇日、卜字，尋找自己死後的住所。

綜上所述，「西方」來臺傳教士對「風水」的著述，比較像是現象的描述。因為帶著傳教的使命，他們多是將「風水」視為迷信的象徵，隱約也流露出一種西方文化中心觀，甚至夾帶著近代科學主義觀對於異域文化的歧視，這種刻板印象，也影響後來東西方學界對於臺灣風水文化研究的看法。

人類學家對臺灣風水的認識

十九世紀末，日本成為臺灣的統治者，在官方和臺日籍學者的努力下，開啟「風水」知識的系統化建構。二十世紀初，臺灣總督府為因應臺灣特殊的風土民情。一九〇一年成立臨時臺灣舊慣調查會，由民政長官後藤新平擔任會長，聘請京都大學教授岡松森太郎等學者專家，陸續在臺灣各地從事傳統法制慣習的調查。

先後完成許多珍貴的著作《臺灣私法》、《臺灣慣習紀事》、《臺灣宗教調查報告書》、《民俗臺灣》等；私人著述方面則有片岡巖《臺灣風俗誌》、伊能嘉矩《臺灣文化誌》等。這類調查比宋人筆記更能精確反映出臺灣風俗的看法。

其中，《臺灣私法》可說是二十世紀以來最早從法理層面將臺灣的風水現象「知識化」的論著，為日後臺灣的風水民俗研究奠定基礎，其論點也不斷地被研究者援引。

二十世紀中期後，史學家李約瑟在《中國之科學與文明》指出風水此類具有引出關於自然現象之實證研究的可能性，轉換將風水視為一種民俗迷信的刻板印象，提升風水文化在學界的能見度。在一系列的活動底下，出現跨國的風水熱。

一九五〇至七〇年間，許多歐美的學者，他們想關注在漢人的社會，因為中國的政治環境無法進入，轉向同樣是漢文化移民的臺灣做調查，以臺灣作為觀察中國傳統社會文化的「替代品」，也在過程中發現其優越的研究條件。但臺灣風水文化現象的例證仍是被置於中國傳統風水文化的研究範疇中討論，無法看出臺灣的特殊性。

對宋人而言，風水師協助人相墓、相宅，許多人更是讀書人因考取功名不果，便轉業為風水師。他們的故事多半在讀書人送給他們的序文裡。至於有些序文提到風水師的職業選擇是：因為家宅裡流傳特別的卜術、風水書籍，因此他們自己為業。宋代的讀書人會請風水先生協助自己擇地，目前我看到最完整的故事是士人魏了翁請風水師協助自己家人擇地。另外，常常在宋代毀壞各地淫祀的士人真德秀，也希望風水師為自己死後選擇一塊住所，預先包辦死亡。《袁氏世範》裡，袁采也提到如果自己還有能力，也不要讓子孫難做事，自己的死亡要預先規劃。

據學者劉祥光提及風水師的工作包括卜陽宅、陰宅與擇地。宋代從官方、地方教育、宗教建築、私人宅第等，宋人相信這都與風水有關。舉兩個例子：書院、學校的風水。宋代有個例子，官舍學舍因為風水而遷徙。像是剛剛提到宋人魏了翁的書院，聽信風水先生的話在一地氣匯流的地方蓋白鶴書院，不久就有七人通過省試。第二個例子是有關官方的建築，宋人的故事也提過某宅為凶宅，凡是住在裡頭的官員，做不久就遭受貶謫。還有一則來自岳珂的記載，岳珂在江西當官時，當地城門外有雙劍峰，風水師曾說當地兵亂頻仍就與雙劍峰帶來的煞氣有關係，所以某任官員就在城門的上面蓋兩座小城抵擋煞氣。

回到當代人類學家對「風水」的研究也非常值得參考。弗里曼（Maurice Freedman）曾經在東南的宗族及香港新界的田野資料。他認為風水是人們用來適應地理景觀的方式，他認為風水是對祖先墳務中祖先遺體的操弄，以達成後代子孫的個人利益。風水也是一種秩序，它反映人類如何「自我認同」，也是一種占卜的實踐，是一種應用在日常生活的知識。

另外，美國人類學者艾亨（E.M.Ahern）在臺灣海山地區的溪南村（今板橋）田野調查也回應弗里曼對風水的論述。他認為風水背後的意思是：祖先的後代子孫之間有某種的連結，好的風水可以讓祖先在另外的世界過得更加舒適，祖先過得順遂，也會保佑後代子孫。如果祖先過得不舒服，祖先會作「崇」藉此發聲，讓家中後代知道冥間的生活不平靜。這一點人類學家李奕園曾在南投竹山鎮與名間鄉調查的紀錄，也是支持這樣的論點。

日本學家渡邊欣雄將上述兩人的看法分成：「機械論」的風水觀與「人格論」的風水觀。前者弗里曼強調漢人習於將祖先的墳穴骨骸作為傀儡加以利用，以謀求現世的風水利益；後者則由美國人類學者艾亨，強調祖先擁有自主的意志與感情決定子孫的吉凶禍福，而非氣場或墳墓風水的力量所致。

學者林開世就提到風水文化在當代有擴展的趨勢，在現代的都會區更加發達，這可能跟商業社會與生活型態有關。同樣的，宋代在風水文化從讀書人的文集、筆記小說與相關書籍，我們也看到這樣的趨勢。

返回當代

就如同前文一樣，臺灣人信仰鬼怪、風水，在民間習俗也有許多怪異的神奇信仰。甚至從日人舊慣調查所留下早期臺灣社會的信仰，許多記載都是在宋代就有的故事，特別是有些幾乎就是《夷堅志》的翻版。

因此，在這本書提及的故事，有許多的「影子」就存在我們的腦海裡。這些千年前的元素，它就像是提供當代日常生活的一種想像。從我們社會文化聽到的觀念，都是歷經時代演變的結果。

筆者住在海山地區也發現民眾就會很介意大學裡的老鷹是否對著他們家裡的門口，最後也影響學校把老鷹的嘴轉向，才不會讓受到鷹的形象沖煞。

過去只聽過長輩說，要常念「阿彌陀佛」，或提到往生時阿彌陀佛等使者，會前來迎

接有福報的人。直到逐漸接觸宋人筆記小說及學人研究，才發現這樣的觀念已經在唐宋之間淨土宗出現，特別在天臺宗遵式的推廣下，成為民間信仰的「常識」。

另外，在佛道競爭的市場上，彼此競爭送亡儀式，還要一邊對抗對「迷信」排斥的士大夫，但是私底下士大夫又多半習卜算，並喜好說卜相之術。

歸根究底，世風底下的士大夫仍然活在常民的生活中，像司馬光對佛道、卜算就算有所批評，甚至反對佛教儀式。當家人離去時，依然請僧人到家裡誦經迴向。因此，只能說宋人菁英對「信仰」的概念，有時候只是思想上的反抗，因為要維護的是身為士人相信儒教能夠救世的信念。

否則，對活在科舉時代花費大半時間考取功名的士人，那些「時間」又該如何讓自己釋懷呢？最後，必須要說「鬼」說到底，它就是日常生活中的產物，來自於我們內心對世界的模糊及不確定性，它可能像臺大前校長李嗣涔的研究，討論特別的「撓場」，認為靈異現象是某種帶有能量的自旋粒子。對於那些鬼怪神魔，或許真的是有一種訊息資料庫。我們透過「記憶」及對他們的「想像」信念，增加他們的能量，因此讓他們用狀態在現實生活中與生人產生新的關係。

人類學家桑高仁《漢人的社會邏輯》書中說，「靈」就像是精靈之力「瑪那」（Mana）像是一個整合漢人文化與宗教的關鍵性概念，它從混亂之中創造秩序，或是從秩序裡創造混亂，在兩者之間游移保持著持續的連結，任何秩序與混亂之間就像是中國文化陰陽之間。在他的說法認為靈在大部分臺灣人身上只是一種超自然的實體，最靈的神明你只要去看有多少人祭拜，有靈氣的神明往往就是有感應、靈驗的神明，有時候也與金錢有關，有錢的人拜最靈的神明。換言之，這些靈不靈的故事，到最後桑高任認為都與複雜的社會面向有關係。

最後，回到孔子說：「未知生焉知死。」

孔子並非不知死，或不明瞭死在「那個年代」的想像，但是他更強調如何「知生」，如何好好活著比起死亡之後的事情，反而是更重要的。

就如同本書也引過，宰我與孔子的對話，宰我問孔子「鬼神」。

孔子說鬼神是以宗教儀式讓「魂」與「魄」相交，便是「合於鬼神」。至於如何建立儀式就必須回到建立制度。換言之，我們在看文化中人如何遇鬼、見鬼，及宗教儀式的變化時，其實最終還是注視到：中國文化底蘊下政治與宗教合一的現象，因此無論各式日常生活、宗教儀式最後的操偶師還是「國家」。

而這類的國家權力往往是隱密無蹤的，記得從一本西方宗教研究序文讀過，權力就像是漫天飛雪的一叢雪，你好像看得到，但是當你伸手想要認識得更清楚的時候，它又消失不見，就像是蘇軾所說的「雪泥鴻爪」的意境。

參考書目

一、主要史料

1 干寶，《搜神記》。臺北：里仁出版社，一九九九。

2 孔平仲，《談苑》。收入《全宋筆記》，二編第五冊。鄭州：大象出版社，二〇〇六。

3 王安石，《王安石全集》。臺北：河洛文化，一九七四。

4 朱弁，《曲洧舊聞》。北京：中華書局，二〇〇二。

5 朱熹，《朱子語類》。黎靖德編；王星賢點校，北京：中華書局，一九八六。

6 江少虞，《宋朝事實類苑》。上海：上海古籍出版社，一九八一。

7 吳自牧，《夢粱錄》。收入《欽定四庫全書》。

8 吳處厚；李裕民點校。《青箱雜記》，收入《唐宋史料筆記叢刊》。北京：中華書局，一九八五。
9 李燾，《續資治通鑑長編》。北京：中華書局，二〇〇四。
10 孟元老；鄭之誠注，《東京夢華錄》。臺北：漢京文化出版，一九七八。
11 洪邁，《夷堅志》。北京：中華書局，二〇一六。
12 真德秀，《西山先生真文忠公文集》。收入《四部叢刊初編》本。
13 袁采，《袁氏氏範》。收入《知不足齋叢書》本。
14 陳淳，《北溪字義》。收入《欽定四庫全書》本。
15 蘇軾，《東坡志林》。北京：中華書局，一九八一。
16 蘇軾，《蘇軾文集》。北京：中華書局，一九八六。
17 蘇轍，《龍川別志》。北京：中華書局，一九八二。

二、專書

1 太史文（Stephen F. Tsiser）；侯旭東，《中國中世紀的鬼節》。上海：上海人民出版社，二〇一六。

2 太史文（Stephen F. Tsiser）；張煜譯，《十王經與中國中世紀佛教冥界的形成》。上海：上海古籍出版社，二〇一八。

3 田海（Barend. J. ter Haar），《講故事：中國歷史上的巫術與替罪》。上海：中西書局，二〇一七。

4 伊佩霞（Patricia Buckley Ebrey）；胡志宏譯，《內闈：宋代婦女的婚姻和生活》。南京：江蘇人民出版社，二〇〇四。

5 余英時，《論天人之際：中國古代思想起源試探》。臺北：聯經出版社，二〇一四。

6 沈宗憲，《宋代民間的幽冥世界觀》。臺北：一九九三。

7 桑高仁（P. Steven Sangren），《漢人的社會邏輯：對於社會再生產過程中「異化」角色的人類學解釋》。臺北：中研院民族學研究所。
8 萬志英（Richard von Glahn），《左道：中國宗教文化中的神與魔》。北京：社會科學文獻出版社，二〇一八。
9 蒲慕州，《追尋一己之福：中國古代的信仰世界》。臺北：麥田出版社，二〇〇四。
10 蒲慕州，《歷史與宗教之間》。香港：三聯書店出版社，二〇一六。
11 羅斯德．赫頓（Ronald Hutton）；趙凱、汪純譯，《巫師一部恐懼史》。桂林：廣西師範大學出版社，二〇二〇。

三、論文期刊

1 王易萍、梁欽佳，〈中國古代算命術〉。《玉林師範學院學報》三〇：一（二〇〇九），頁四十五－四十八。
2 王章偉，〈妖與靈－宋代邪神信仰初探〉，《九州學林》，頁六十九－一二一。

3 艾郎諾，〈《夷堅志》中不公正的蒼天和軟弱的神仙〉。《人文中國學報》第十六期（二〇一六）。
4 李俊豐，〈論宋代官員的鬼神信仰對其司法實踐的影響——以殺人祭鬼為案件中心〉。《法制與社會發展》四期（二〇一三）。
5 李奕園，〈臺灣民俗信仰發展的趨勢〉，收入《民間信仰與社會研討會》
6 李嗣承，〈陰陽糾纏的氣場——風水的科學根據〉，《佛學與科學》（二〇一七），頁四〇—五十四。
7 沈宗憲，〈國家祀典與左道妖異：宋代信仰與政治關係之研究〉，國立臺灣師範大學歷史研究所博士論文，一九九九。
8 林和君，〈臺灣當代冥婚及其人鬼關係析論〉。《師大學報》六十五：一，頁五十一—七十二。
9 林富士，〈「舊俗」與「新風」——試論宋代巫覡信仰的特色〉。《新史學》二十四：四（臺北：二〇一三），頁一—五十三。

10 林富士，〈人間之魅──漢唐之間「精魅故事」析論〉。《中央研究院史語所及刊》七十八：一（二〇〇七）。

11 林富士，〈六朝時期的民間社會所祀「女性人鬼」初探〉。《新史學》七：四（臺北：一九九六），頁九十五─一一七。

12 林開世，〈風水作為一種空間的實踐：一個人類學的反思〉。《臺灣人類學刊》，五：二，（臺北：二〇〇七），頁六十三─一二三。

13 林開世，〈風水作為一種空間的實踐：時個人類學的反思〉。《臺灣人類學刊》五：二（二〇〇七），頁六十三─一二二。

14 武雅士（Athuer P. Wolf），張珣譯，〈神．鬼和祖先〉。《思與言》三十五：三（一九九七），頁二三三─二九二。

15 洪健榮，〈近百年來海內外學界關於臺灣「風水」文化研究的歷史考察〉。《逢甲人文社會學報》，第三十八期（臺中：二〇一九），頁一─四十八。

16 徐吉軍，〈宋人的出行風俗〉，《民俗研究》第二期（二〇〇二），頁一三七─

一四六。
17 張超然，〈規模與取捨：近世黃籙齋儀變遷與明初儀式改革〉。《華人宗教研究》十四期（臺北：二〇一九），頁一一一－一四五。
18 陳啟鐘，〈風生水起—論風水對明清時期閩南宗族發展的影響〉。《新史學》十八：三（二〇〇七），頁一－四十三。
19 游淑珺，〈冥界的無「歸」女性發展－以台灣閩南俗語反映的民俗現象觀察〉。《民間文學年刊》第二期（二〇〇八），頁一三一－一六二。
20 程誠，〈從《夷堅志》看南宋徽州民間信仰〉，《許昌學院學報》三十三：四（二〇一四），頁七十九－八十三。
21 黃啟江，〈宋太宗與佛教〉、〈北宋汴京之寺院與佛教〉。收入《北宋佛教史論稿》。臺北：臺灣商務出版社，一九九七。
22 葉春榮，〈風水與報應：一個臺灣農村的例子〉。《中央研究院民族學研究所集刊》第八十八期（一九九九），頁二三三－二五七。

23 廖咸惠，〈祈求神啟—宋代科舉考生的崇拜行為與民間信仰〉。《新史學》十五：四（二〇〇四），頁四十二—九十二。

24 廖咸惠，〈體驗小道—宋代士人生活中的術士與術數〉。《新史學》二十：四，（臺北二〇〇九），頁一—五十八。

25 諸葛憶兵，〈科各前定思想與鬼神敘述〉。《江海學刊》一期（二〇二〇）。

26 漢寶德，〈風水—中國人的環境觀念架構〉。《國立台灣大學建築與城鄉研究學報》二：一（一九七三），頁一二三—一五〇。

27 劉仲宇，〈物魅、人鬼與神祇—中國原始崇拜體系形成的歷史鉤沉〉。《宗教哲學》三：三（一九九七），頁十六—三十五。

28 劉枝萬，〈修齋考〉，收入《臺灣民間信仰論集》。臺北：聯經出版社，一九八三。

29 劉枝萬，〈臺灣的靈媒—乩童〉，收入《歷史、文化與臺灣（一）—臺灣研究研討會紀錄一—二十七回》。臺北：臺灣風物雜誌社，一九九二。

30 劉枝萬，〈醮祭釋義〉，收入臺灣民間信仰論集》。臺北：聯經出版社，一九八三。

31 劉泳斯，〈論宋代的殺人祭鬼〉，《國學學刊》。二期（二〇二〇）。
32 劉祥光，《宋代日常生活中的卜算與鬼怪》。臺北：政大出版社，二〇一三。
33 蔣義斌，〈《清明集》中有關「移瘋易俗」與「人牲」案例的檢討〉。《宗教哲學》五十一（二〇一三），頁一二一—一四六。
34 蔣義斌，〈宋代的葬俗—儒家與佛教的另一戰場〉。收入《國際宋史研討會論文集》，頁六一三—六二八。
35 諸葛憶兵，〈《夷堅志》「科名前定」思想與神鬼敘述〉。《江海學刊》（二〇二〇），頁二二五—二三二。
36 錢穆，《靈魂與心》。臺北：聯經出版社，一九七六。〈靈魂與心〉頁一—三十一、〈中國民族之宗教信仰〉三十三—五十一、〈論古代對於鬼魂及葬祭之觀念〉，頁五十三 - 五十八、〈中國思想史中的鬼觀〉，頁五十九—一一〇。
37 韓明士，《道與庶道：宋代以來的道教、民間信仰和神靈模式》。江蘇：人民出版社，二〇〇七。

38 瞿海源，〈術數流行與社會變遷〉。《臺灣社會學刊》第二十二期（一九九九），頁一－四十五。

39 鐵愛花、曾維剛，〈旅者與精魅：宋人行旅中情色精魅故事論析——以《夷堅志》為中心探討〉，《中國史研究》，第一期（二〇一二）。

HISTORY 062

宋代讀書人與他們的鬼

作　者—蔡宗穎
主　編—林菁菁
企劃主任—葉蘭芳
封面設計—江孟達
內頁設計—李宜芝

董 事 長—趙政岷
出 版 者—時報文化出版企業股份有限公司
108019 台北市和平西路三段 240 號 3 樓
發行專線—(02)2306-6842
讀者服務專線—0800-231-705・(02)2304-7103
讀者服務傳眞—(02)2304-6858
郵撥—19344724 時報文化出版公司
信箱—10899 臺北華江橋郵局第 99 信箱
時報悅讀網—http://www.readingtimes.com.tw
法律顧問—理律法律事務所 陳長文律師、李念祖律師
印　刷—勁達印刷有限公司
初版一刷—二〇二一年三月十九日
定　價—新臺幣三三〇元

時報文化出版公司成立於一九七五年，
並於一九九九年股票上櫃公開發行，於二〇〇八年脫離中時集團非屬旺中，
以「尊重智慧與創意的文化事業」爲信念。

宋代讀書人與他們的鬼 / 蔡宗穎著 . -- 初版 . -- 臺北市 : 時報文化出版企業股份有限公司 , 2021.03
面；　公分

ISBN 978-957-13-8573-0(平裝)

1. 鬼神 2. 宋代文學 3. 文化研究

215.6　　110000209

ISBN 978-957-13-8573-0
Printed in Taiwan